日本会計史

友岡 賛
TOMOOKA Susumu

慶應義塾大学出版会

緒　言

　タイトル通りの本である。『概説日本会計史』とか，『日本会計史序説』とかいったタイトルも考えたが，前々著を「『会計の歴史』という素直なタイトル」[1]にしたように，言い訳がましく修飾したい気持ちはこれを排し，すっきりと『日本会計史』とした。日本における会計の歴史，である。

　ただし，扱われているのは昭和期までである。そのため，『日本会計史──前篇』というタイトルも考えたが，『後篇』を書く気はないため，この案も棄却された。ちなみに，『会計の歴史』も19世紀のイギリスまでで終わっている。「20世紀のアメリカはどうした？」などと訊かれるが，理由（わけ）あって，19世紀まで，昭和期まで，である。その理由はいずれ書く，かもしれない。

　なお，歴史書には付き物の，言い訳がましい「歴史の意義」は書かない。というか，書きたくない。もっとも前々々著には少し書いてしまった[2]が。

　2018年3月28日，三田山上にて

友岡　賛

1　友岡賛『会計の歴史（改訂版）』2018年，2頁。
2　友岡賛『会計学の基本問題』2016年，289～290頁。

謝　辞

　この本を書く切っ掛けを下さったのは文藝春秋の坪井真ノ介氏です。

　ジェイコブ・ソール（Jacob Soll）著の『帳簿の世界史』（村井章子訳，2015 年刊）というベストセラー[3]を手掛けられた編集者の坪井さんにお目に掛かったのは一昨年，2016 年の 2 月のことでした。出版の企画について「ご意見を伺いたい」という連絡をいただいてお会いしたのですが，その企画こそが，「日本の会計の歴史」を扱った本，でした。その際には事情があって自分で書くつもりはなく，しかし，色々と意見を述べさせていただき，また，自分以外の著者の候補の名を挙げさせていただいたりもしましたが，しかし，爾来，この「日本の会計の歴史」は常に脳裡にあり，いつしか執筆に着手していました。

　というわけで，坪井氏に万謝します。

　さて，ほかの出版社の方の話はさて措き，慶應義塾大学出版会の木内鉄也氏への謝辞ですが，木内さんにはお世話になりっ放しで，したがって，謝辞の書き過ぎで，もう言葉が見付かりません。

3　友岡『会計の歴史（改訂版）』17〜18 頁。

引用について

　原文における（　）書きや太文字表記や圏点やルビの類いは，原則として，これを省略した。したがって，引用文におけるこの類いのものは，特に断りがない限り，筆者（友岡）による。

　また，引用に際して，旧字体は，原則として，これを新字体に改め，促音や拗音の類いが小文字表記されていない場合は小文字表記に改め，漢数字は多くの場合，算用数字に改めるなどの加筆を施している。

目　次

緒言　*1*
謝辞　*2*
引用について　*3*

序　章　日本の会計の通史————————— *9*

会計史の展開　*9*／奈良時代（710〜794 年）　*11*／簿
記・会計の定義　*12*／歴史の起点　*14*／和式簿記の
起源とその源流　*16*／西洋からの影響　*17*

第 1 章　江戸時代における和式帳合————— *23*

江戸時代（1600〜1867 年）　*23*／和式簿記の特徴　*29*
／和式帳合は複式簿記か　*33*／二重構造と伝播の不
在　*35*

第 2 章　明治時代における洋式簿記の導入—— *39*

明治時代（1868〜1912 年）　*39*／連続と断絶　*40*／洋
式複式簿記の嚆矢　*42*／ブラガ　*43*／『帳合之法』
46／『銀行簿記精法』　*54*／政府会計への複式簿記の
導入　*59*／近代化の象徴　*64*

第3章　明治時代における会計教育と会計学の黎明——— *65*

明治簿記史の捉え方　*65*／洋式簿記の教育　*68*／洋式簿記の導入形態　*71*／福澤諭吉と商業教育　*73*／下野直太郎の存在意義　*74*／固定資産　*79*／『会計学』の嚆矢　*85*／大正以降へ　*91*

第4章　会計学の発展と財務諸表準則の意義———————— *93*

1920年代から第2次世界大戦まで　*93*／会計学発展史の時代区分　*94*／上野道輔とシェアー学説　*96*／太田哲三の動態論　*100*／ドイツ系の会計制度——商法　*103*／会計制度の展開　*105*／財務諸表準則　*109*／会計学発展史における財務諸表準則の意義　*115*

第5章　会計プロフェッションの黎明———————————— *119*

大坪文次郎，森田熊太郎，東奭五郎　*119*／立法への曲折　*127*／相次ぐ法案提出　*132*／会計学と会計実務　*136*／計理士法の制定　*139*／いまだ機は熟さず　*146*

第6章　昭和時代における会計プロフェッションの逡巡— *149*

第2次世界大戦後　*149*／計理士と税務　*151*／税務代理士法の制定　*154*／計理士制度の改革　*160*／「公認会計士」という名称　*163*／公認会計士法の成立　*166*／制度の輸入と内実　*172*

目　次　7

第 7 章　近代会計制度の成立─────────── *181*

企業会計制度対策調査会と企業会計基準法・会計基準
委員会構想　*181*／企業会計原則の設定　*184*／企業会
計原則，S. H. M. 会計原則，黒澤清　*186*／企業会計
原則の設定趣意と役割　*188*／近代会計制度の成立と
会計士監査　*193*／監査基準の設定　*197*／法定監査と
監査法人　*200*／近代会計制度はまだ　*203*

文献リスト　*209*
索引　*217*
著者紹介　*227*

序　章　日本の会計の通史

　タイトルに示されるように，本書は日本の会計史をもって扱い，これを通史としてまとめたい。日本における会計の歴史にかかわる従前の研究の蓄積において提示された諸論点を確認・整理しつつ，日本の会計の通史を示したい。

会計史の展開　　いずれの学問領域についても，それがいつ成立をみたのかを確言することなどできないが，けだし，「会計史」という学問領域はこれがさほどに長い歴史をもつものではない，とすることについては異論も多くはないだろう。

　会計史に限らず，およそ歴史というものには，

　①まずは大摑みの通史（的なもの）が書かれ，
　②その後，本格的な歴史研究へと深化し，細分化された対象
　　における緻密な歴史が書かれ，
　③ついには，本格的な研究の蓄積を踏まえ，体系性をもった
　　通史が書かれる，

10

といった過程をみることができ，そうしたなか，会計史も近年，漸く③の段階に達し，何冊かの通史が上梓されている。

　しかし，日本の会計史についてはどうか。日本の会計史についても③の通史はこれが既に存在するかどうか。この問いの答えは差し当たり留保しておきたい。

　叙上のように，或る学問領域の成立をもって明確に見定めることなどできないとはいえ，けだし，「会計史」は1970年代ないし1980年代までには成立をみるに至っていたといえよう[1]が，ただし，1990年代の半ば過ぎに筆者が初めて会計の通史を「会計史」のテキストとして上梓した頃，③の通史が既にどのくらい書かれていたかは定かでなく，また，『歴史にふれる会計学』と題するこのテキストには「テキストとして書かれた「会計史」の書は，すくなくも著者の知るかぎりにおいて，わが国にはいまだなく，世界的にみても，これまた，著者の知るかぎりにおいて1冊ぐらいしかない」[2]と記したが，その際に念頭にあった「1冊ぐらい」はマイケル・チャットフィールド（Michael Chatfield）の『会計思想史』（*A History of Accounting Thought*）のみだった。

　しかし，『歴史にふれる会計学』が上梓された1996年，偶々ながら，そのチャットフィールドが編んだ事典が刊行をみるに至り，これは何と『会計史国際事典』（*The History of Accounting: An International Encyclopedia*）だった。この事典を紹介した『歴史に

1　友岡賛『会計学原理』2012年，225〜226頁。
　　友岡賛『会計学の基本問題』2016年，225〜226頁。
2　友岡賛『歴史にふれる会計学』1996年，ⅲ頁。

序　章　日本の会計の通史　*11*

ふれる会計学』いわく，「会計史という領域も，こうしたものが
編まれるところまできた，ということだろうか？」[3]。

　さて，その『会計史国際事典』には「日本」の項もあり[4]，日
本の会計史が「奈良時代」，「江戸時代」，「明治時代」，「1920年
代から第2次世界大戦まで」，「第2次世界大戦後」の五つに区分
され，概説されている。

奈良時代（710～794年）

　　日本における最古の現存の会計帳簿は8世紀に遡る。その
　うちの一つは奈良にある皇室の宝物殿，正倉院に保管されて
　いる730年代の会計文書，正税帳であり，この正税帳は奈良
　の中央政府に提出すべく地方の諸国が作成した税に関する決
　算報告書であった。奈良時代（710～794年）にあって地方
　の諸国は法典によって規制されており，税について政府に報
　告することは地方の諸国にとって義務であった。
　　日本におけるその後の800年の会計の歴史は暗闇に包まれ
　ているが，中央政府においてのみならず，大規模な仏教寺院
　においても何らかの会計システムが用いられていた可能性が
　ある。しかしながら，当時，どのようなシステムが用いられ，

3　同上，3頁。

4　Kozo Iwanabe, 'Japan,' in Michael Chatfield and Richard
　Vangermeersch (eds.), *The History of Accounting: An International
　Encyclopedia*, 1996, pp. 351-353.

どのように機能していたのか，ということについての明確な証拠は存在しない。

1542 年頃，ポルトガルの船が種子島に漂着し，日本に初めて鉄砲をもたらし，爾来，西洋の文化が日本の文化に入り込んできているが，日本の会計学界においては，日本の会計システムは 19 世紀までは西洋の影響を受けなかった，とする説が最も有力である。

しかし，「仕分け帳付け」と称される分類簿記法が 16 世紀の後半に弘まっており，この「仕分け帳付け」はイタリアの「Partia Doppia」，すなわち複式簿記と同様の意味を有していることから，16 世紀の後半，日本の簿記にイタリア式のシステムが取り入れられた可能性がある[5]。

簿記・会計の定義　「最古の○○」というためには○○を定義・概念規定しなければならない。「最古の会計帳簿」というためには会計帳簿を定義・概念規定しなければならない。

「会計帳簿（accounting books）」とは何か。正税帳は会計帳簿なのか。

「帳簿記帳は簿記なのか」[6]と否定的に問う渡邉泉によれば，違うのだろう。「わが国の奈良時代にすでに簿記……が存在していたという会計史家が果たしているだろうか」[7]と否定的に問う渡

5　*Ibid.*, p. 351（（　）書きは原文）.

6　渡邉泉「会計の生成史を論ずるに先立って」『會計』第 191 巻第 6 号，2017 年，96 頁。

邉によれば，「簿記の本質は損益計算」[8]であって，「それ故にこそ，会計の歴史研究の出発点は，13世紀のイタリアなのである。……簿記の始まりは，決して単なる金銭の出納記録や財産の増減記録ではない」[9]。

しかし，筆者は渡邉説に与しない[10]。

しかもまた，本書は「○○を定義・概念規定しなければならない」としておきながら，あえて，できる限り，定義・概念規定はこれを控えたい。

歴史を書く際，諸概念の定義については，

①当初から比較的厳密な定義を携えて過去に遡り，その定義に合致するものを探し出し，それらを繋いで歴史を書く，

といった行き方もあれば，

②当初は比較的大雑把な定義を携えて過去に遡り，過去の探

7　同上，97頁。
　　「簿記……が」の箇所は「簿記したがって複式簿記が」だが，こうした言い回しに看取される渡邉説特有の問題は本書の埒外としたいため，あえて「……」とした。
8　同上，103頁。
9　同上，103～104頁。
10　渡邉説およびその検討については下記のものを参照。
　　友岡『会計学の基本問題』第5章。
　　友岡賛『会計と会計学のレーゾン・デートル』2018年，第1章，第11章。

14

索を通じ，歴史を書くことを通じて帰納的に定義の精緻化
を図る，

といった行き方もあれば，あるいはまた，

③いっそのこと，定義の類いはおよそ有することなく，例え
ば「会計」についていえば，専門用語としての「会計」は
用いることなく，日常用語としての「会計」を用いて会計
の歴史を書き，したがって，「会計の成立」といったこと
には言及することなく済ませる，

といった行き方もあろうが，どの行き方がよいかは分からない。
　しかし，本書は③をもって書かれる。

歴史の起点　　　さて，正税帳である。
　　　　　　　　　地方の諸国の収入，すなわち税収および利息収入
とその支途からなる[11] この正税帳は，むろん，「商業帳簿にはあ
らず」[12] とされ，また，例えば「簿記史」と題する河原一夫稿は
「わが国において，商業帳簿が史上にみえ始めるのは室町時代で
あって……」[13] として簿記の歴史を「商業帳簿」から始めるが，

---

11 田中孝治『江戸時代帳合法成立史の研究──和式会計のルーツを
　　探求する』2014年，108～113頁。

12 同上，108頁。

13 河原一夫「簿記史（日本）」神戸大学会計学研究室（編）『会計学
　　辞典（第6版）』2007年，1094頁。

他方,「我国の古代社会には,すでに正税帳制度という会計制度が存在したと言い得る」[14] とする田中孝治は「正倉院文書の中に残されている「天平勝宝2年(750年)借用銭録帳」が,現存する我国最古の商業帳簿とみなせる」[15] ともする。

なお,「与しない」とはしたものの,やはり気になる渡邉説は「簿記の本質は損益計算」として「損益計算を前提にしない単なる財産の管理計算を会計やその利益計算構造を支える……簿記の第一義的な役割として位置づけることはできない」[16] としており,そうした説からすると,この辺りのものは,簿記に非ず,会計に非ず,ということになろうが,定義について③の行き方を採った本書はやはり意に介さない。

ただしまた,小倉榮一郎の説からも,非ず,かもしれない。すなわち,小倉によれば,「簿記と呼ぶに相応しい総合的計算体系をなすもの」[17] かどうかは「要は商人が資本を意識し,損益計算の必要を認識するか否かにかかって」[18] おり,単なる「物財管理のための帳簿は……簿記と呼ぶに相応しい総合的計算体系をなすもの」[19] ではなく,したがって,「学問的興味をそそるもの」[20] で

14　田中『江戸時代帳合法成立史の研究』124 頁。

15　同上,124 頁。

16　渡邉「会計の生成史を論ずるに先立って」103 頁。

17　小倉榮一郎「日本会計史〔1〕　わが国固有の簿記会計法」小島男佐夫(責任編集)『体系近代会計学［第6巻］　会計史および会計学史』1979 年,259 頁。

18　同上,260 頁。

はない，ということになろうが，こうした小倉説はのちに西川孝治郎のいう「和式帳合の二重構造」[21] の問題に関して取り上げられる。

　閑話休題。正税帳を肯定的にみる向きには岩辺晃三や田中があり，岩辺は正税帳について「複記式が認められることで注目される」[22] と述べ，また，田中は「我国で複式決算が確認できる最古のものは……鴻池家両替店の算用帳の計算式である」[23] が，「正税帳の形式と，中世の荘園の決算書や近世の商人の算用帳との間に類似点が見出せる。特に……鴻池家両替店の算用帳の期末資本の計算形式が同じである」[24] としている。鴻池家の算用帳は後出。

和式簿記の起源とその源流

　　　　　　　　　　叙上のように正税帳に記載された諸国の利息収入は「出挙」と呼ばれる貸付，すなわち銭貨や酒や稲や粟などの貸付による利息収入だったが，こうした出挙を記録したものは「出挙帳」と称され，この出挙帳は「正税帳」という名の決算報告書をもって作成する

19　同上，259 頁。

20　同上，260 頁。

21　西川孝治郎「わが国会計史研究について──和式帳合の二重構造」『會計』第 100 巻第 7 号，1971 年，107 頁。

22　岩辺晃三「緒論」岩辺晃三（編著）『基本会計（改訂版）』1999 年，13 頁。

23　田中『江戸時代帳合法成立史の研究』115 頁。

24　同上，124 頁。

ための帳簿として位置付けられ[25]，田中によれば，要するに，和式簿記の起源はこの正税帳と出挙帳にあった[26]。

さらに，そうした和式簿記の起源についてその源流へと遡れば中国に行き着くともされ，「和式簿記の起源が，我国古代の律令社会で制度化されていた債権簿の「出挙帳」と，決算報告書の「正税帳」であるとの前提に立ち，その源流を東アジアに求め」[27]た田中は古代の中国や朝鮮の史料を吟味し，日本の史料との共通性の類いを看取した結果，「古代の中国大陸で生まれた帳簿技術が，古代日本に伝播した。それは，稲が日本に入ってきたのと同じように中国から直接もたらされた場合もあろうし，朝鮮半島経由で入ってきた場合もあるだろう」[28] としている。

西洋からの影響　西洋からの影響については，『会計史国際事典』によれば「日本の会計システムは19世紀までは西洋の影響を受けなかった，とする説が最も有力」ながら，「16世紀の後半，日本の簿記にイタリア式のシステムが取り入れられた可能性がある」とされ，また，岩辺は「わが国において，イタリア式簿記は，信長の時代に入っていると考えられるが，その物的証拠となるものは，こんにちでは見出しがたいものとなっている」[29] とはしつつも，しかし，やはり「複式簿記は，

25　同上，109，116〜117，124頁。
26　同上，126，185頁。
27　同上，210頁。
28　同上，211頁。
29　岩辺晃三『天海・光秀の謎——会計と文化』1993年，29頁。

1570 年代の初めには，日本に到達していたと考えられる」[30]と断じている。

　しかしながら，如上の説は「そのアプローチが従来の伝統的方法とは著しく異なることと，その内容においてあまりにも日本の歴史の通説とかけ離れた次元で展開され，会計学界の通説となっていた江戸時代の帳合法についてのわが国「固有のもの」とする見解とも相異しているためか，大方はとまどいを表わされるか，無視されるかで，ほとんど大きな反応をみることが得られないのであった」[31]と岩辺は嘆き，ちなみに，『歴史にふれる会計学』は「無視」はせずに，ちゃんとこれに言及はしたものの，「ほとんど推論の域をでていない」[32]としている。

　その岩辺は次のように述べている。

　「パチョーリ（Luca Pacioli。中世イタリアの数学者）が『スンマ』（Summa）（1494 年刊の数学書。複式簿記について説いた最初の書）を著してから約 100 年後（どうして「100 年」なのかは不明），大航海時代の潮流は極東の日本にも押し寄せた。……1549 年にはイエズス会のフランシスコ・ザビエルが鹿児島に上陸。宣教師をとおして西洋ルネッサンス文化と日本文化との本格的な出会いがはじまった。……イエズス会で教育を受けた者のなかには会計担当者となるものがいた」[33]。
　「その場合，会計の知識はパチョーリが『スンマ』で記述し

30　岩辺「緒論」14 頁。
31　岩辺『天海・光秀の謎』221 頁。
32　友岡『歴史にふれる会計学』116 頁。

たイタリア式簿記だったことは十分考えられることである。……1555年（天文24年ないし弘治元年）に来日した医師ルイス・アルメイダ……は本国で医学を学んだのち，1548年，東インドに渡る。そこで商人として活躍し，かなりの成功をおさめ……そのアルメイダが，イエズス会に入会を希望して来日し，正式な修道士として認められたのは1556年（弘治2年）のことである。医師にして商人のアルメイダは，当時の商人のあいだで一般的にもちいられていたイタリア式簿記の知識をもっていたと思われる。その会計知識を，布教や医療に携わるなかで日本人に伝授したと考えても不思議ではない」[34]。

「このようにして，パチョーリの『スンマ』にあらわされたイタリア式簿記の知識は，イエズス会宣教師たちによって約100年の年月を経て16世紀の日本にも波及していったと考えられるのである」[35]。

やはり「物的証拠となるものは……見出しがた」く，「推論の域をでていない」か。

ただし，奈良時代「の後の800年の会計の歴史は暗闇に包まれている」ばかりか，「わが国における16世紀の簿記については，これまで会計学界においては，ほとんど論じられたことはなかっ

---

[33]　岩辺晃三『複式簿記の黙示録——秘数13とダビデ紋が明かす逆襲の日本史』1994年，30〜31頁。

[34]　同上，31〜32頁。

[35]　同上，32頁。

20

た」[36] ともされる[37]。

　他方，これは時代が下った江戸時代についてながら，小倉は次のように述べている。

　　「一説にはオランダから簿記書が輸入され，出島の通詞が洋
　　式簿記を習得し，幕府の勘定方を経て御用商人に伝えたとす
　　るものがあるが，確証がないばかりか，伝承の形跡のない史
　　実の方が多い。類推は危険であるが，もし類推をもってする
　　なら，洋式簿記法が伝わらなかったと推測する根拠はいくら
　　でもあるのである」[38]。

　あるいは次のようにも述べている。

　　「たしかに，西洋式複式簿記法は西洋人の渡来と殆んど時を
　　同じくしているといわれる。天文12年（1543）ポルトガル
　　人が種子ケ島に来航した頃には簿記書がもたらされたか否か
　　不明であるが，やや下って，慶長18年（1613）にはイギリ
　　ス東印度会社平戸商館長リチャード・コックスは1冊の簿記
　　書を携えていたことをその日記に書いており，オランダ東印
　　度会社の出島商館日誌には……。このようにしてイギリス人，
　　オランダ人により早くから西洋式簿記法は伝えられたのであ

36　岩辺『天海・光秀の謎』29頁。

37　ただし，下記のものは16世紀の寺院の帳簿を俎上に載せている。
　　田中『江戸時代帳合法成立史の研究』第5章。

38　小倉「日本会計史〔1〕　わが国固有の簿記会計法」261頁。

るが，果して商人の実践にまで影響を及ぼしたであろうか。その形跡は認められないのである」[39]。

小倉は「わが国の経済状態は洋学の知識や技術を必要とするまでには発達していなかったということも考えられる」[40]と続けているが，確かに知識の伝播と実践は並行しない。

「知識としての複式簿記の伝播がたといあったとしても，それをもちいる必要のないかぎり，実践としての普及は必然ではない」[41]。「各地において複式簿記は，それが普及をみるかなりまえから既知であった。既知であったものが，それをもちいる必要が生じたときにもちいられ，それが普及であった」[42]。

必要がない，ということには，叙上のように，経済状態が発達していなかったから，という意味もあれば，また，自前の簿記が勝れていた，という意味もあろうが，西川によれば，「平戸オランダ商館長 François Caron（フランソア・カロン）が，バタビヤへの報告の中で "they have not the Italian Manner of Keeping Books, and fail not in their Calculations." と書いているように，わが国には西洋人渡来前すでに固有の帳合法があって，それが当時の商業資本蓄積・発展に相応する機能を果たしていたので，当面新たに外来の簿記を必要としなかったのである」[43]とされるように「当

39　小倉榮一郎『江州中井家帖合の法』1962 年，14～15 頁（（　）書きは原文）。

40　同上，15 頁。

41　友岡『歴史にふれる会計学』86 頁。

42　同上，86 頁。

面」ということだった。

　「外国の影響から隔絶され，固有の商業資本が形成された江
戸時代に，固有の帳合法が自らの要求に応じて成立したとい
う想定は十分に論拠のあることである。西洋式複式簿記の影
響は，直接，あるいは中国経由で間接にも，日本の簿記法に
及ぼされなかった時代が300年続く，その期間の後半にあ
たって，各地で各様の簿記が完成せられる」[44]。

43　西川孝治郎「我国における簿記史研究」関西学院大学会計学研究
　室（編）『現代会計の史的研究』1973年，3〜4頁。

44　小倉『江州中井家帖合の法』17頁。

第1章　江戸時代における和式帳合

「外国の影響から隔絶され，固有の商業資本が形成された江戸時代に，固有の帳合法が自らの要求に応じて成立したという想定は十分に論拠のあることである。西洋式複式簿記の影響は，直接，あるいは中国経由で間接にも，日本の簿記法に及ぼされなかった時代が300年続く，その期間の後半にあたって，各地で各様の簿記が完成せられる」[1]。

というわけで，江戸時代へと飛ぶ。

江戸時代（1600～1867年）

日本における現存の最古の商家の会計帳簿は「足利帳」と称される冨山家の帳簿であり，この冨山家の会計記録においては1615年から1640年までの25年間の同家の財産の計算が行われている。

1　小倉榮一郎『江州中井家帖合の法』1962年，17頁。

その次に古い商家の会計帳簿は大阪の鴻池家の算用帳であり，この帳簿は 1670 年の会計記録に始まり，また，そこでは決算が行われており，これは複式簿記法にもとづく決算簿であった。

18 世紀にあって最も代表的な会計帳簿としては三井家の 1710 年の大元方勘定目録と中井家の 1746 年の店卸記が挙げられる。この両家はいずれも隆興をみ，江戸時代の伊勢に端を発した三井家は今日に至るまで繁栄を享受し続けてきており，中井家は裕福な商人が多く輩出した近江の商家であった。

また，出羽の本間家の 1753 年および 1762 年の会計帳簿も注目に値し，出雲の田部家の 1801 年から 1804 年までの勘定目録は 1936 年に実証的な学問的分析の対象となり，そうした分析対象の嚆矢として有名になった。これらの会計帳簿はすべて複式であり，また，日本固有のものであった[2]。

現存最古とされる伊勢を出自とする商家，冨山家の足利帳は同家の純資産の増減を 1615 年（元和元年）から 1640 年（寛永 17 年）まで記録した大福帳であって，そこでは，前年の純資産にその年の利益ないし損失を加算ないし減算する，という記録が 25 年にわたって行われていた[3]。

そうした「冨山家の帳合法は，寛永 15 年（1638）の時点にお

2　Kozo Iwanabe, 'Japan,' in Michael Chatfield and Richard Vangermeersch (eds.), *The History of Accounting: An International Encyclopedia*, 1996, p. 351.

3　河原一夫『江戸時代の帳合法』1977 年，3〜10 頁。

いては，財産計算のみで，損益計算はまだ行われていない。いわゆる，単式簿記であり，貸借平衡の原理は導入されていない」[4]とされているが，1688年（元禄元年）の上州店の算用帳には「複式決算構造の萌芽がみられ」[5]，1707年（宝永4年）の同じく「上州店の算用帳は，財産計算と損益計算的成果計算の複式決算構造を有する帳合法であることは明らかで……しかも，口別損益計算が併せて行われていることは特筆すべき帳合法である」[6]とされ，また，1758年（宝暦8年）の「大阪店の算用帳は，試算表的検算能力を有する複式決算構造を持った決算簿であると言うことができよう」[7]。

「鴻池家の帳合法では，決算報告書のことを「算用帳」と呼ぶ」[8]が，鴻池家の1670年（寛文10年）の算用帳は「財産計算と変則的な損益計算による自己検算能力を備えた複式決算構造を持つ帳合法であるといえ」[9]る。

また，同家の算用帳は「「大福帳」，「差引帳」，「買置品元帳」，

---

4 同上，27頁（（ ）書きは原文）。

5 同上，68頁。

6 同上，77頁。
   ただし，この口別損益計算は「期間損益計算方式の前段階である損益算定方式とは異な」（同上，77頁）り，「期間損益計算方式のもとにおいて，経営成績良否の判断材料として作成されたものである」（同上，77頁）。

7 同上，46頁。

8 田中孝治『江戸時代帳合法成立史の研究――和式会計のルーツを探求する』2014年，22頁。

9 河原『江戸時代の帳合法』266頁。

「留帳」,「現金有高帳」,「道具帳面」の外,種々の「別帳」,「小払帳」を転記することによって作成され」[10],「鴻池の帳合法は,現存する我国最古の多帳簿制複式決算簿記ということができる」[11]。

三井家にあっては1710年（宝永7年）に「家政と事業の全体を統括する「大元方」とよばれる中央機関が創設され」[12],この大元方による報告書が「大元方勘定目録」と称されるものだった。

「全営業店……がそれぞれ独自の会計実体となって決算をし」[13],京都本店ないし京都両替店に会計報告書を提出し,この両店は傘下の営業店「の利益計算を含む自店の決算をし,会計報告書を傘下諸店の報告書とともに「大元方」に提出し……「大元方」では,これらの決算書の到着をまって,独自の決算を行い」[14],かくして作成された大元方勘定目録は「財産計算と損益計算の二つの部分からなり,両者の計算結果である純損益は一致している。三井家の帳合法が複式決算構造を持っていたことは確かである」[15]とされる。

中井家の帳合法は「我が国の固有帳合法中の白眉である」[16]とされる。

同家の本家の店卸記は同家の初代の中井光武の自筆の決算累年

---

10 田中『江戸時代帳合法成立史の研究』28頁。

11 同上,28頁。

12 西川登『三井家勘定管見』1993年,104頁。

13 同上,104頁。

14 同上,105頁。

15 河原『江戸時代の帳合法』289頁。

16 同上,293頁。

記録であって，内容は商いを始めた 1734 年（享保 19 年）に始まっているが，店卸記を書き始めたのは 12 年を経た 1746 年（延享 3 年）以降のこととされている[17]。「中井家帳合法は早くともこの 12 年間の末の頃になってはじめて完成したものであろう。……この帳合法を採用することに充分自信がもてる程に原理的に確定したので……定型を設定して，本格的に累年記録をはじめたのであろう」[18] とされるその定型は財産法をもってする利益計算だった[19] が，各支店等において作成される「店卸目録」と称される決算報告書にみる「中井家帳合における決算構造は他に比類のない完全な形で構成せられた複式決算構造をなしており，この金額がすべて取引複記された帳簿記録から集められたものであるところに，その帳合としての優秀性が存するのである」[20] とされ，「これ我が国固有の複記式取引記帳技術にもとづく複式決算方式であると称するゆえんである」[21] とされる。

　また，日本固有の簿記はときに「大福帳式簿記」と称され，この「大福帳式」は「原始的・前時代的・因習的・非合理的・非組織的・非科学的など近代的西欧文明の恩恵を受けないというほどの意味に慣用せられている」[22] が，中井家の帳合における「大福帳は，特定の別冊帳簿で計算された内訳計算を綜合転記するため

17　小倉『江州中井家帖合の法』19，195〜196 頁。

18　同上，196 頁。

19　同上，37〜39，41，197〜198 頁。

20　同上，67 頁。

21　同上，67 頁。

22　同上，7 頁。

の統制勘定たる「問屋仕限帳口」その他の口座と，頻繁な記帳のない特定科目をはじめ，損益諸科目にいたるまですべての口座を開設している総勘定元帳となって」[23] おり，そうした中井家における「大福帳式簿記法は，形式技法においては素朴であるが，原理的には西洋式簿記法に比し遜色ないのである」[24]。

「多帳簿制複式決算簿記で合計転記によって総勘定元帳を完成せしめ，本支店合併決算をするという」[25]「中井家の帳合法は，我が国，固有帳合法中の白眉であることは疑いもない」[26]。

中井家帳合法研究の第一人者，小倉は次のように述べている。

　　「複式簿記の原理的特質は貸借対照表による資本計算的成果計算と，損益計算書にまとめ上げらるべき損益計算的成果計算の複計算構造にあるとともに形式技術的特質として，二面形式の勘定に取引を貸借複記することによって原理的構造に合致した記録計算体勢を整えるところの仕訳の巧妙さが結びついて一体となっていることが西洋式複式簿記の冠絶するゆえんである」[27]。

「しかるに中井家帳合ではついにこの記帳技術の計算構造へ

23　同上，110 頁。
24　同上，111 頁。
25　小倉榮一郎「日本会計史〔1〕　わが国固有の簿記会計法」小島男佐夫（責任編集）『体系近代会計学［第 6 巻］　会計史および会計学史』1979 年，263 頁。
26　河原『江戸時代の帳合法』332 頁。
27　小倉『江州中井家帖合の法』56〜57 頁。

の連携は達成しえなかったのである。決算は完全に複計算構造をなしており，日常の取引記帳には取引複記が守られているが，貸借複記の形にはならなかったために，決算に直接結びつかないで，店卸下書[28]に集める際に決算の複計算構造に配列し直す必要が生じたのである」[29]。

「大福帳式簿記をもって，単式簿記であると断定するときに，その単式という意味が世に一般に理解されるごとき，不完全記帳を意味するものであれば独断も甚しいといわざるを得ない。複式簿記に必要な諸要件はすべて備わっているうちに，ただ一つ有機的分類整理のための要件たる二面形式に立つ貸借整理の技法が欠けていることを明確にしておきたい」[30]。

和式簿記の特徴　西川は日本固有の簿記法の特徴として下記の5点を挙げている[31]。

①帳簿は和紙を二つ折にし長綴裁切にしたものと，用紙を四つ折にし20枚ばかりを一綴とし，これを多数積み重ねて綴合したものとがある。

②用紙は無罫で，出入を記入する如き場合には出または入の

28　「店卸目録を作成するに先立って「店卸下書」が作成され，ここで各帳簿の金額が集合せしめられ，決算整理が施された」（同上，61頁）。

29　同上，57頁。

30　同上，57頁。

31　西川孝治郎『日本簿記史談』1971年，12頁。

字を書いて区別する。

③数字は日本数字で五百六十七円等の如く在来の記数法による。

④無論筆墨による縦書である。

⑤多数の帳簿にわかれ総勘定元帳に当たるものはない。

⑤は前出の小倉の中井家帳合法研究がこれを否定しており，また，田中は如上の特徴に加えて「多くの豪商が，財産計算と損益計算の両方を行なう複式決算構造の決算書を作成していること」[32]および「帳簿の名称や形式が家によってまちまちであり，複式決算の方法も違うということ」[33]をもって挙げているが，まずはさて措き，さらに西川は「洋式帳簿はアラビア数字を用い，金額欄を貸借，出入等に区分してあるから，暗算で計算ができるが，在来の和式帳簿は出も入も一様に右から左へ書き並べ，しかも目でみただけでは位取りがわからない旧来の記数法だから算盤なしではどうにもならなかった。わが国固有の帳合法は帳簿と算盤とを組み合わせたものとみなければならない」[34]と続け，あるいはまた，日本の帳合における帳簿記録は「単に記録にとどまって，直接計算に使用されなかった」[35]としている。

これは河原も同様であって，彼によれば，「江戸時代の帳合法

---

[32]　田中孝治「日本の伝統簿記と洋式簿記の導入──日本簿記史」平林喜博（編著）『近代会計成立史』2005年，126頁。

[33]　同上，126頁。

[34]　西川『日本簿記史談』12頁。

[35]　同上，21頁。

の特色の第1に，算盤という便利な計算用具を挙げることがで
き」[36]，すなわち，「わが国の帳合法においては，帳簿記録は単に
記録にとどまり，直接計算には使用されなかった。……演算は算
盤の上で行われたからである」[37]とされる。日本人の計算につい
てカロンいわく，「彼らの計算は細い棒の上に円い小玉を刺した
板の上で行なわれる。加減乗除比例まで整数分数とも出来，そう
して和蘭におけるよりも，また速算家でない尋常の和蘭人が計算
するよりも，一層迅速正確である」[38]。算盤はタマゴかニワトリ
か。

　さらに河原によれば，「わが国固有の帳合法は，算盤の便利さ
と，毛筆・墨・和紙による記帳スペースの制約という，末端の記
帳計算用具が災いして，金額の正負混記式の記録によらざるを得
ず，西洋式簿記のような貸借二面形式の記録法をとるに至らな
かった。この基本的簿記技術の欠如が，金額の貸借平均の原理を
自動的に成立させず，さらには，機械的・誘導的・組織的な複式
決算の計算原理をも阻んだのである」[39]とされ，これは前項に引
いた小倉の主張と軌を一にしており，また，「帳簿の紙面が小さ
く，毛筆の文字が大きく，罫線を用いなかったため，冊数が増え
……すなわち，一帳簿一勘定的な多帳簿制とならざるをえなかっ

36　河原一夫「簿記史（日本）」神戸大学会計学研究室（編）『会計学
　　辞典（第6版）』2007年，1094頁。

37　同上，1094頁。

38　フランソア・カロン／幸田成友（訳著）『日本大王国志』1967年，
　　188頁。

39　河原「簿記史（日本）」1095頁。

た」[40]。

他方，津村怜花は「江戸時代の記帳技術は統一されておらず，商家ごとに異なっていたとされる」[41] こと「を考えると，江戸時代における各商家の記帳技術から共通的な特徴を見出そうとすることは適切ではないのかもしれない」[42] とはしつつも，日本固有の記帳技術の特徴として下記の4点を挙げている[43]。

①和紙に筆で縦書きの記録をしていること
②記帳において符牒と呼ばれる一種の暗号を使用することがあること
③帳簿に記録が行われるものの計算は算盤を使用し簿外で行うこと
④一部の大商家においては「複式決算」や，「多帳簿制」に基づく二重記録が行われていた（あるいは，行われていたと推測できる）こと

なお，③の算盤について津村はカロンによる「「日本人はイタリア式簿記を有せざるも計算を誤ることなし」という……記述からも，当時の算盤の技能はかなり優れていたものと推察できる」[44]

40　同上，1095頁。

41　津村怜花「和式帳合と複式簿記の輸入──江戸時代から明治時代にかけて」中野常男，清水泰洋（編著）『近代会計史入門』2014年，133頁。

42　同上，133頁。

43　同上，133頁（（　）書きは原文）。

第1章 江戸時代における和式帳合 *33*

としているが，まえに引いた西川の論攷は同じカロンの「they have not the Italian Manner of Keeping Books, and fail not in their Calculations」という記述を，算盤の意義についてではなく，帳合の意義について用い，すなわち西川はこの記述をもって，日本固有の帳合法が存在し，それが十分に機能していた，ということの傍証として用いていた。

　いずれにしても，平戸のオランダ商館のカロンは17世紀の半ば近く[45]に当時の日本人について次のように述べているのである。

　「伊太利流の簿記法を知らないが，勘定は正確で，売買を記帳し，一切が整然として明白である。彼らの計算は細い棒の上に円い小玉を刺した板の上で行なわれる。加減乗除比例まで整数分数とも出来，そうして和蘭におけるよりも，また速算家でない尋常の和蘭人が計算するよりも，一層迅速正確である」[46]。

和式帳合は複式簿記か　ところで，いまさらながら，和式帳合は複式簿記か。

　これまでにみた諸説にあって「複式決算」や「複記」といった言い様は少なくないが，「複式簿記」としているのは独り Kozo Iwanabe のみであって，他方，西川のように「わが国帳合に複式

44　同上，133頁。
45　カロン／幸田（訳著）『日本大王国志』293〜295頁。
46　同上，188頁。

簿記なし」[47] と言い切る向きもある。

ただしまた，むろん，これは「結局複式簿記の定義如何で決まる」[48] ことであって，この「複式簿記なし」と言い切る向きは「(1) 取引の二面的把握，(2) 貸借の均衡，(3) 計算の自検機能，(4) 勘定記録形式等」[49] をもって複式簿記の要件とし，「同じ財務表であっても，複式簿記帳簿から誘導して作成したものと，単式簿記記録に必要事項を補って作成したものとは，専門的にいって違う，ということで……両者の相違点は……終局的にいって財務表の作成の基礎たる簿記が「計算結果の正確性を，その簿記自身の機構内において検証することができるような計算構造」——複式簿記の自検機能——を備えているか否かにかかっていると」[50] しているが，ちなみにまた，〔簿記 = 複式簿記〕とする渡邉説[51] によれば，和式帳合は簿記でもない，ということになる。

けだし，複式決算は複式簿記の要（かなめ）ではなさそうである。

叙上のように，本章には大商家の帳合について「複式決算」ないし「複式決算構造」といった言い様が頻出し，したがって，財

47　西川孝治郎「わが国会計史研究について——和式帳合の二重構造」『會計』第 100 巻第 7 号，1971 年，108 頁。

48　同上，109 頁。

49　西川孝治郎「造幣寮簿記の研究」『會計』第 93 巻第 3 号，1968 年，27 頁。

50　西川孝治郎「日本固有帳合法の特徴について」『商学集志』第 38 巻第 2・3・4 号，1969 年，17 頁。

51　序章の注記 7），10）をみよ。

第1章　江戸時代における和式帳合　*35*

産計算と損益計算の存在およびこの両者の計算結果の一致はこれ
が大商家の帳合には認められているが，しかし，これも叙上のよ
うに，「複式簿記」とする Iwanabe の説および「複式簿記なし」
と言い切る西川の説の二者はさて措き，その他の多くの説に明言
はない。

　ただし，例えばまえに引いた「冨山家の帳合法は，寛永 15 年
の時点においては，財産計算のみで，損益計算はまだ行われてい
ない。いわゆる，単式簿記であり，貸借平衡の原理は導入されて
いない」という記述は「財産計算のみで，損益計算はまだ行われ
ていない」から「単式簿記」とも読めようが，しかし，「貸借平
衡の原理は導入されていない」から「単式簿記」と読む方が素直
だろうし，また，「複式簿記に必要な諸要件はすべて備わってい
るうちに，ただ一つ有機的分類整理のための要件たる二面形式に
立つ貸借整理の技法が欠けている」とする小倉の記述も「欠けて
いる」をもって素直に読めばよいのだろう。

二重構造と伝播の不在　　あるいはまた，西川のように「わが国
　　　　　　　　　　　　帳合の実態が，全国的な中小商家の帳
合と，少数の巨商・富豪の帳合との共存状態であった事実……を
和式帳合の二重構造と」[52] 呼ぶ向きもある。

　これは，小倉によれば，「総合的計算体系をなすもの」とそう
ではないものが併存する状況であって，「非体系的で幼稚な記録
法を意味するときの大福帳は，小商人の債権の備忘録にすぎな

52　西川「わが国会計史研究について」107 頁。

い」[53] が，「大商人の大福帳は総勘定元帳に相当し，洋式複式簿記に匹敵する巧妙な簿記体系の中心的帳簿で……そのような和式帳合法が発達した時代にあっても，小商人の大福帳は依然債権備忘録であった」[54] といった状況を意味しており，前者，すなわち「学問的興味をそそる」大商人の簿記については「多帳簿制複式決算簿記であるという共通性」[55] はあるものの，「商家の秘密主義にわざわいされ微妙な特異性のあるものをつくり上げ」[56]，そうした帳合法は「各商家の門外不出の秘宝であり，丁稚制度の中で OJT という方法を採って伝達されていった」[57]。

すなわち，「ある商家の簿記法が他家へ伝授されることは稀で，諸家がそれぞれ独創したと考えるのが至当」[58] とされ，そうした，一定の方式の伝播がなく，したがって，一様性がない，という状況は，しかし，けだし，まずは問題がなかった。

資本と経営の分離はなく，企業間比較を必要とする投資者の存在はいまだなかった。もっとも，田中によれば，伊勢の豪商の場合には「所有と経営が分離していたのではないか」[59] ともされているが，たとえそうだったとしても，一様性の不在はまずは問題がなかった。一様性の不在は比較可能性の不在をもって意味する

53　小倉「日本会計史〔１〕　わが国固有の簿記会計法」259 頁。

54　同上，259 頁。

55　同上，260 頁。

56　同上，260 頁。

57　田中「日本の伝統簿記と洋式簿記の導入」127 頁。

58　小倉「日本会計史〔１〕　わが国固有の簿記会計法」261 頁。

59　田中『江戸時代帳合法成立史の研究』75 頁。

が，いまだそこに財務のための会計はなく，行われていたのは管理のための会計だった[60]。

「白眉」は中井家だった。

　「全国各地に拡散せられた多数の支店の集中管理のために，中井家は合理的帳合法を発達せしめ」[61]，その帳合は「多数の支店群の管理統制手段として，はなはだ有効であった」[62]。「主人自らが現地において直接管理するのは容易な業ではなく……かくて，計数による間接的管理の必要に迫られて巧妙にして厳密な会計法を立案するに至ったのであるから，中井家帳合がその根底において支店の管理のための会計という性格を有していることは否み難い」[63]。

60　下記のものを参照。
　　友岡賛『会計学原理』2012年，90〜91頁。
　　友岡賛『会計と会計学のレーゾン・デートル』2018年，197〜201頁。
61　小倉『江州中井家帖合の法』218頁。
62　河原『江戸時代の帳合法』330頁。
63　小倉『江州中井家帖合の法』219頁。

第2章 明治時代における
洋式簿記の導入

　明治維新にあって会計史における連続と断絶の問題はどのように捉えるべきか。和式帳合と洋式簿記の関係はどのように捉えるべきか。

　洋式簿記による和式簿記の淘汰はどのようにもたらされたのか。洋式複式簿記の一般化はどのように進んだのか。

明治時代（1868〜1912年）

　　江戸時代が終わるとともに日本の孤立が終わり，その近代化が始まったが，画期的な年は西洋式の簿記が紹介され，近代的な構造による会計の普及が始まった1873年であった。

　　日本初の西洋式の会計書『帳合之法』が福澤諭吉（1834[1]〜1901年）によって書かれ，出版され，また，アレクサンダー・アラン・シャンド（1844〜1930年）によって書かれた原稿が翻訳され，1873年12月に日本初の複式簿記書『銀

1　ないし1835年。

行簿記精法』として刊行された。このシャンドはスコットランドのアバディーンに生を享け，日本政府に奉職するために来日した。1895 年には下野直太郎（1866〜1939 年）が日本固有の概念にもとづく簿記書の嚆矢『簿記精理』を上梓し，爾来，近代的な西洋式の簿記が一般に受容されてきている。

　吉田良三（1878〜1943 年（正しくは 1944 年））が著した『会計学』が 1910 年に刊行され，これはヘンリー・ランド・ハットフィールドの *Modern Accounting* の概訳とされているが，この書の刊行によって静態論の日本への浸透が始まった。

　他方，上野道輔（1888〜1962 年）がヨハン・フリードリヒ・シェアーの理論を日本に紹介し，この理論は日本の商法および税制の計算システムに取り入れられた。1917 年には吉田や日本における先導的な会計士，東奭五郎（1865〜1947 年）といった研究者や実務に通じた人々によって日本会計学会が設立された[2]。

連続と断絶　　明治維新についてはまずもって「近世から近代への移行をどのように捉えるか」[3] という「歴史における連続と断絶」[4] の問題がある。

2　Kozo Iwanabe, 'Japan,' in Michael Chatfield and Richard Vangermeersch（eds.）, *The History of Accounting: An International Encyclopedia*, 1996, pp. 351-352（（　）書きは原文）.

3　石井寛治「歴史における連続と断絶──近世日本と近代日本」『郵政博物館研究紀要』第 7 号，2016 年，12 頁。

4　同上，12 頁。

これについては例えば「経済や経営は，政治や思想と違って連続的な変化が強い」[5] といった説もあれば，「近代日本への機械制大工場の技術移転がスムーズになされたのは，幕末経済の発展段階が手工業工場を中心とする水準に達していたから」[6] といった説もあるが，他方，何もなかったからこそ「スムーズになされた」といった捉え方もあろう。例えば会計に関する近年の例をもっていえば，国際会計基準の導入は歴史に根差した自前の基準をもたない国の方が「スムーズになされた」ということもあろう。

いずれにしても，前章および本章の論に関していえば，この問題は，江戸時代以前の和式帳合と明治時代以降の簿記の間には連続性があるのか，ということであって，また，この問題は，和式帳合は複式簿記か，という問い，あるいは，和式帳合は洋式簿記の影響を受けたのか，という問いにかかわり，なおまた，この二つの問いは例えば下記のような種々の筋書きをもってもたらす。

①和式帳合は洋式簿記の影響を受けて複式簿記となった。
②和式帳合は洋式簿記の影響を受けながらも複式簿記とはならなかった。
③和式帳合は洋式簿記の影響を受けずとも複式簿記となった。
④和式帳合は洋式簿記の影響を受けなかったがために複式簿記とはならなかった。

5　同上，12頁。
6　同上，12頁。

洋式複式簿記の嚆矢

既述のように，岩辺晃三の説は江戸時代よりまえの時期に洋式複式簿記の伝来を認め，Kozo Iwanabe の説はその複式簿記が日本の簿記に取り入れられた可能性を示唆しているが，これを否定する通説によれば，洋式簿記の影響をみるには明治維新を待たなければならなかった。

「2 世紀半にわたる鎖国のために，複式簿記の導入が先進国よりもずっとおくれ，ようやく 19 世紀の後半，明治維新前後に始まったにすぎない」[7]。

明治維新期におけるその担い手はお雇い外国人と福澤諭吉だった。

「画期的な年」とされる「1873 年（明治 6 年）」は福澤の洋式簿記書とアラン・シャンド（啊爾嗹暹度）（Allan Shand）の洋式複式簿記書がいずれも日本初のものとして刊行された年だった。

「近代会計制度の源流がすでに明治初期にはじまっていたことを，われわれは発見することができる。特に明治 6 年という年は，制度史的に決定的な意義があった。それは後年の日本の企業会計制度の発展に深刻な影響を与えた二つの文献が出現したことによる」[8]。

ただし，そのまえにビセンテ E. ブラガ（Vicente E. Braga）があった。

7　西川孝治郎『日本簿記史談』1971 年，72 頁。

8　黒澤清「財務諸表制度発展史序説」黒澤清（編著）『わが国財務諸表制度の歩み──戦前編』1987 年，7 頁。

ブラガ　　ポルトガル人のブラガは香港に生を享け，同地の銀行や造幣局に勤務したのち，日本における造幣寮（造幣局）の設立に際して1871年（明治4年）に大阪造幣寮の勘定役兼帳面役として日本の政府に雇傭されたお雇い外国人だった[9]。

　「大阪造幣寮の会計システムはブラガによって構築された」[10]。

　「造幣寮では開業前1870年（明治3年）12月ブラガを招いて簿記組織を立案させ，翌年開業と同時にそれを実施した。造幣寮はしばしばわが国複式簿記採用の初めであるといわれるが，そこで行なわれたのは貨幣価値によるいわゆる官庁簿記ではなくて，物品会計を複式簿記的に処理したものであった」[11]。すなわち「ブラガが造幣寮で実施した簿記は，貨幣価値による計算ではなくて，金・銀等の重量による計算だった」[12]が，「(1) 取引の二面的把握，(2) 貸借の均衡，(3) 計算の自検機能，(4) 勘定記録形式等」[13]をもって複式簿記の要件とする西川孝治郎によれば，そうした複式簿記の「わく組には，企業の会計のような貨幣価値計算を盛ることもできれば，造幣会計のような金属の重量計算を盛ることもでき……このわく組による計算記録は，すべて複式簿記である」[14]とされる一方，工藤栄一郎によれば，「日々の業務の記

9　西川『日本簿記史談』73〜83頁。

10　工藤栄一郎「日本の近代化と西洋簿記の社会化」『企業会計』第68巻第3号，2016年，28頁。

11　西川『日本簿記史談』93頁。

12　同上，93頁。

13　西川孝治郎「造幣寮簿記の研究」『會計』第93巻第3号，1968年，27頁。

録については，重量を基礎とした複式記入が可能だとしても，最終的な損益をどのようにして計算したのかなどについては，想像をたくましくしても不透明感をぬぐいさることは容易でない。そもそも大蔵省という政府組織の部局である造幣寮にとって，損益を算定する必要があったのだろうか」[15] ともされる。

「造幣寮事務取扱規則には「英文にて記載する簿冊の照憑をなさんため，その事に堪うる日本士官をして……日本文にて計算簿冊を記載し置くべし」と」[16] されており，「ブラガは……英文簿記計算の事務を担当し，かたわら邦人局員に簿記を教えながら，邦文帳簿整理を指導し」[17]，そこでは「物品会計の実務を教えた……が，複式簿記の原則を会得させるために，別に正常の複式簿記を講義した」[18]。

ブラガの指導を受けた造幣寮の職員の一人に三島為嗣があり[19]，この三島の『造幣簿記之法』は手稿本であって[20]，「西洋簿記の知識が社会的に広く普及するような直接的な効果を持つものではなかった」[21] とはいえ，「わが国最初の簿記教科書で……しかも内容は物量計算による複式簿記で，世界に他に類例がない」[22]。

14　同上，27〜28 頁。

15　工藤「日本の近代化と西洋簿記の社会化」28 頁。

16　西川『日本簿記史談』93 頁。

17　同上，92 頁。

18　同上，102 頁。

19　同上，92 頁。

20　ただし，後年，下記のものとして公刊されている。
　　三島為嗣／西川孝治郎（編集解説）『造幣簿記之法』1981 年。

21　工藤「日本の近代化と西洋簿記の社会化」28 頁。

第2章　明治時代における洋式簿記の導入　*45*

1873年に造幣寮において簿記の講習が行われた際，講師を務めたのが計算課長の三島であって，この『造幣簿記之法』はその頃に脱稿されたとされている[23]。

「造幣寮には開設の初めから……多数の雇外人がいて……日本官員に技術や事務を教えたが，邦人が漸次それを修得したので，明治8年（1875年）の初め多くの雇外人を解職し」[24] たなかにあって，しかし，「ブラガは，明治8年2月以後引続き大蔵本省において「簿記計算方の方法取調べ，かたわら省中の官員へ伝習」を担当した。彼は明治11年（1878年）7月大蔵省を離れたが，わが政府は彼の指導にしたがい，12年（1879年）以後複式簿記を採用した。それがその後単式簿記に変更されて今日に至っている」[25]。

複式簿記の採用と単式簿記への変更はいずれも頗る重要なことながら，「どうして複式法が選択されたのか」[26]，「どうして複式簿記は廃されることとなるのか」[27] については後述される。

「ブラガは明治11年7月31日大蔵省を退いたが，造幣寮以来

22　西川孝治郎『文献解題　日本簿記学生成史』1982年，118頁。

23　同上，112，114頁。

24　西川『日本簿記史談』103頁。

25　同上，103〜104頁。

26　Eiichiro Kudo, 'Why did the 19th Century Japanese Government Adopt the Double-entry in the Accounting System?' *Studies in Foreign Affairs*, Vol. 40, No. 2, 2013, p. 55.

27　*Ibid.*, pp. 54-55.

ほとんど 8 年の間に彼について西洋簿記を学んだ者は相当の数に
のぼり，それが造幣寮および大蔵省内はむろんのこと，会計検査
院，陸海軍，各府県等広い範囲にわたって洋式簿記の実施に当
たった」[28]。

『帳合之法』[29]　　　　　さて，福澤である。

　思想家にして教育家，慶應義塾の創立者として知られ，交詢社
を起こし，『時事新報』を創刊した福澤には，『西洋事情』，『学問
のすゝめ』，『文明論之概略』のほか，多数の著訳書があるが，そ
の訳書の一つにアメリカ簿記書の翻訳『帳合之法』がある。
　木版刷り半紙判和綴じ本 4 冊からなるこの『帳合之法』は 2 編
構成になっており，まず「略式」と題して単式簿記を扱う初編の
2 冊（巻之一，巻之二）が 1873 年 6 月，ついで「本式」と題して
複式簿記を扱う二編の 2 冊（巻之三，巻之四）が 1874 年（明治 7
年）6 月，ともに慶應義塾出版局から刊行されている[30]。
　「原書にある「シングル・エンタリ」の字を此書に略式と訳し，
「ドウブル・エンタリ」を本式と訳したれども，此訳字よく原意
に叶ふものに非ず。「シングル・エンタリ」とは一重に記すと云
ふ義，「ドウブル・エンタリ」とは二重に記すと云ふ義なり」[31]

28　西川『日本簿記史談』109 頁。
29　友岡賛『歴史にふれる会計学』1996 年，117～126 頁。
30　この書には下記の訳がある。
　ブライアント，スタラットン／福澤諭吉（訳）／水野昭彦（現代
語訳）『帳合之法』2009 年。

と凡例の末尾に述べられるそのシングル・エンタリを扱う初編は日本初の洋式簿記書とされている。

「此帳合之法の原書は，千八百七十一年アメリカ商売学校の先生「ブライヤント」並に「スタラットン」の両人が著述せし学校用「ブックキイピング」と云ふ書なり。「ブックキイピング」とは帳合のことなり」[32] と凡例の冒頭でも解説されているこの『帳合之法』の原書 *Bryant and Stratton's Common School Book-keeping: Embracing Single and Double Entry*（1861 年初版，訳書は 1871 年版）はアメリカおよびカナダにチェーン組織を有した専門学校のテキストであり，広く読まれ版を重ねた学習段階別シリーズ 3 編の初級編に該る。

イタリア式簿記にもとづく帳簿システムが解説されている。日記帳，清書帳（仕訳帳），大帳（元帳）という 3 帳簿が示され，「勘定の主たる帳面は大帳なり」[33] として元帳が中核に置かれている。

福澤は士族出身だったことから，「余が著訳書中最も面倒にして最も筆を労したるものは帳合之法なり」[34] と『福澤全集緒言』にて述懐しているが，日本人の理解に意を払って訳出されている。「ブックキーピングを帳合と訳して簿記の字を用ひざりしは，余

31　ブライヤント，スタラットン／福澤諭吉（訳）『帳合之法　初編』1873 年，巻之一，「凡例」8 丁表〜8 丁裏。

32　同上，巻之一，「凡例」1 丁表。

33　ブライヤント，スタラットン／福澤諭吉（訳）『帳合之法　二編』1874 年，巻之三，5 丁表。

34　福澤諭吉『福澤全集緒言』1897 年，106 頁。

り俗に過ぎたる故か今日行はるゝを見ず」[35] としているように，簿記を意味する「帳合」こそ通用されないが，随所に巧みな訳語がある。

「日本流に書けば文字長く随て帳面も多くなりて迚も実用に適せず」[36] として，旧来の定位文字による記数法に替えて，初めて漢数字の十進法縦書きを採用，これによる帳簿形式は後続の多くの簿記書が倣い用い，また，この記数法は簿記のみならず広く一般化した。

さらにまた，「借」，「貸」の語について「日本人に分り易くするには，或はこれを出と入とに書替へ」[37] とする訳者注の着想は福澤門下生に継承され，のちに一時，盛んに用いられた収支簿記に発展したともされる。

凡例中の訳者序に該るところは「古来日本国中に於て，学者は必ず貧乏なり，金持は必ず無学なり」[38] に始まり，簿記を学ぶことの意義を啓蒙的に説いている。

すなわち，一方には「商売は士君子の業に非らず」[39] とする学者，そして他方には「商売に学問は不用なり」[40] とする金持ちがあり，この両者「をして此帳合の法を学ばしめなば，始て西洋実

35　同上，18頁。

36　同上，107頁。

37　ブライヤント，スタラットン／福澤（訳）『帳合之法　初編』巻之一，9丁裏～10丁表。

38　同上，巻之一，「凡例」1丁裏。

39　同上，巻之一，「凡例」1丁裏。

40　同上，巻之一，「凡例」1丁裏。

学の実たる所以を知り……天下の経済，更に一面目を改め，全国の力を増すに至らん」[41] とし，この書『帳合之法』は旧来の学問観をもつ者をして「独立の大志を起さしめんとするの趣意なり」[42] というが，そこに『学問のすゝめ』の福澤思想の一具現があるとされる。すなわち，同時期に上梓の『学問のすゝめ』は独立を鼓吹，「何ぞ必ずしも和漢洋の書を読むのみを以て学問と云ふの理あらんや」[43] とし，「帳合も学問なり」[44] としているが，この『学問のすゝめ』に示した新しい価値観，学問観の一具現が『帳合之法』とされる。

『帳合之法』は諸学校のテキストとして全国各地に用いられ，また，爾後の多くの簿記書の範となった。

「私は維新後早く帳合之法と云ふ簿記法の書を翻訳して，今日世の中にある簿記の書は皆私の訳例に倣ふて書いたものである」[45] とのちに『福翁自伝』にいう福澤[46] は，「日本国中一ヶ所にても真の帳合法を用ひ度，私の素願に御座候」[47] と初編刊行の数か月

41　同上，巻之一，「凡例」2丁表。

42　同上，巻之一，「凡例」6丁裏。

43　福澤諭吉『学問のすゝめ　二編』1873年，4頁。

44　同上，4頁。

45　福澤諭吉『福翁自伝』1899年，458頁。

46　ただし，彼自身は「ダカラ私は簿記の黒人（くろうと）でなければならぬ，所が読書家の考と商売人の考とは別のものと見えて，私は此簿記法を実に活用することが出来ぬのみか，他人の記した帳簿を見ても甚だ受取が悪い」（同上，458～459頁）と述べている（なお，『福澤諭吉全集』収録の『福翁自伝』には「此簿記法を実地に」と記されている（慶應義塾（編纂）『福澤諭吉全集　第7巻』1959年，218頁））。

後の書翰（滋賀県令，松田道之宛，1873 年 11 月 6 日付け）でも述べているように，西洋式簿記の普及に多面的に尽力しており，初期の簿記書の著訳者には慶應義塾に学んだ者が多く，『銀行簿記精法』の訳者（削補校正者）に小林雄七郎，宇佐川秀次郎，『馬耳蘇氏記簿法』（1875 年）ほかの訳者，小林儀秀，『三菱商業学校簿記学階梯』（1878 年）ほかの著者，森下岩楠，森島修太郎がいる。

ただし，『帳合之法』自体は，前述のように，諸学校のテキストとして全国に弘まったが，実践への普及は一般商家に家伝の簿記の存在がこれを妨げた。前述のブラガの造幣寮や後述のシャンドの紙幣寮などについては「これらの場所は在来の帳合も何もない全くの処女地であったから，西洋簿記は直ちにそこに定着し，後にはそれが拠点になってさらに国内の他の場所に広まった」[48]とされているが，商家には「在来」があった。「洋式簿記は，大企業や銀行など伝統簿記が存在しなかった新興の企業から順次導入されていった。が，全国の中小商店では，伝統簿記がすぐに駆逐されていったわけではなく，相当長い間命脈を保った」[49]。

福澤いわく，「明治 6 年の頃帳合之法を発行して，書物は売れたれども，抓この帳合法を商家の実地に用ひて店の帳面を改革したる者は甚だ少し。聊か落胆せざるを得ず」[50]。

47　慶應義塾（編纂）『福澤諭吉全集　第 17 巻』1961 年，158 頁。

48　西川孝治郎「日本会計史〔2〕　洋式簿記のわが国への導入」小島男佐夫（責任編集）『体系近代会計学〔第 6 巻〕　会計史および会計学史』1979 年，295 頁。

49　田中孝治「日本の伝統簿記と洋式簿記の導入——日本簿記史」平林喜博（編著）『近代会計成立史』2005 年，134 頁。

この件は「其実用に適せざるは尚ほ忍ぶべしとするも，遇ま当時新進の商人又は会社などにて西洋風を気取り，万般の施設を新奇にして，帳簿は無論彼国の流儀に限るなど、て新法を採用したる者の中には，商運非にして往々失敗したる連中も少なからず。其原因は必ずしも帳合法の罪に非ざる可けれども，著者の身に於ては蔭ながら赤面せざるを得ず」[51] と続いているが，他方，実業家の中村道太のように『帳合之法』を「理解し商売の実践に生かした人物」[52] もあった。「福澤の推薦により明治５年（1872年）10月，早矢仕有的が経営する丸屋商社（のちの丸善）に入り共同経営者となった……中村は丸屋の帳簿を一新して西洋式簿記を取り入れ，６年には丸屋商社内で「帳合の法」を講義し始めている」[53] が，まえに引いた福澤の「私の素願に御座候」の書翰もこの中村のことに言及している。

　「私に一友人あり，名を中村道太と云ふ。……横浜の丸屋社中に入り，商売を業となし，弊塾出版局にも関係あり。此人頗る帳合に委しく，丸屋社中の商売，諸店合して１年10万両よりも多く，其帳合の法全く西洋流に従ひ，拙訳帳合の法に拠て其出納を司るものは右中村氏１名なり」[54]。

　なお，『帳合之法』をテキストに用いた「西洋帳合稽古」[55] の

50　福澤『福澤全集緒言』122頁。

51　同上，122頁。

52　末木孝典「福澤諭吉をめぐる人々　その９　中村道太」『三田評論』第1207号，2017年，42頁。

53　同上，42頁（二つ目の（　）書きは原文）。

54　慶應義塾（編纂）『福澤諭吉全集　第17巻』158頁。

嚆矢はこれが「丸屋商社内」においてのものであって，初編が刊行された 1873 年 6 月に丸屋に設けられた帳合稽古所においてその翌月から早速に稽古が行われている[56]。

ただし，「『帳合之法』に対する高い評価は……その内容に対するものでは必ずしもない」[57] ともされ，例えば太田哲三（東京商科大学名誉教授）[58] によれば，「「帳合の法」は短かいものであって……これは福沢諭吉の著述であるが，作者がかかる知名の先覚者でなかったら，こんなに有名にはならなかったと思われる。帳簿様式もたて書であり，大したものではない。その原著にしても権威あるものではない。紐育で簿記学校をやっていて，その教科書として使われたものらしい」[59] とされ，下野直太郎（東京高等商業学校教授）[60] に至っては「「帳合の法」は，自分も中学で学んだが，いま見ると，よくもこんな粗末なものが書けたものと驚くばかりである。序文だけは立派だが本文は内容貧弱で，ただ文字で何円何銭と金額を記す代りに，数字をならべ位取りにてこれを

---

[55]　西川『日本簿記史談』229 頁。

[56]　同上，229 頁。
　　　山内慶太「福沢諭吉門下生による会計教育の全国展開」『企業会計』第 68 巻第 3 号，2016 年，37 頁。

[57]　原田奈々子「明治初期における複式簿記受容の歩みと『帳合之法』の貢献」『杏林社会科学研究』第 19 巻第 3 号，2003 年，81 頁。

[58]　太田については第 4 章に述べられる。

[59]　太田哲三『会計学の 40 年』1956 年，60 頁（太田哲三『近代会計側面誌――会計学の 60 年』1968 年，57 頁）。

[60]　下野については第 3 章に述べられる。

示す法を紹介した。アラビヤ数字を用いず，日本数字を縦列にしたのは，その時代の程度を斟酌して，これに適応したものであろう。……この書物はその序文ほど世間に効能がなかった」[61] と酷評しているが，しかしながら，そうした下野も「序文……は立派」と認めている。

　また，『福澤全集緒言』において「之を訳して商人の実用に供せんとするには，先づ日本商家の実際に取引する模様を知り，商家通用の言葉を知ること肝要なり」[62] と述べられているように，福澤は「商人が実用可能な内容とすべく，商家で用いられている言葉を知ることから始めて」[63] おり，「簿記用語の邦訳は，当時の商家で用いられる言葉に合わせるよう努められているため，学習者にとって理解しやすいものとなっていたと考えられ……『帳合之法』は，学習者に実学としての西洋簿記の必要性を啓蒙するとともに，西洋簿記を日本文化に適合させる工夫がなされた簿記書といえ……日本固有の簿記手法と西洋簿記との差異を緩和し，西洋簿記を日本に普及させるための緩衝材としての役割を担ったと考えられる」[64] ともされている。

61　西川『日本簿記史談』226 頁。

62　福澤『福澤全集緒言』107 頁。

63　津村怜花「福沢による西洋簿記現地化の試み」『企業会計』第 68 巻第 3 号，2016 年，19 頁。

64　津村怜花「明治初期の簿記書研究――『帳合之法』の果たした役割」『會計』第 172 巻第 6 号，2007 年，125〜126 頁。

『銀行簿記精法』[65]　　他方，いま一つの書『銀行簿記精法』は日本初の複式簿記書とされる。

　木版刷り美濃紙判和綴じ本5冊からなるこの書は1873年12月に大蔵省から刊行されたが，その著者はスコットランド人のシャンドだった。

　アバディーンに生まれたシャンドは若くして来日し，チャータード・マーカンタイル銀行（Chartered Mercantile Bank of India, London and China）[66] の横浜支店に勤務，経理業務ほかに従事していたが，1872年8月，紙幣寮書記官として大蔵省に雇傭された。日本政府は1872年12月に国立銀行条例を公布して銀行制度の成立を図ったが，そこで設立される銀行の帳簿システムの立案がシャンドに委ねられたのだった。

　シャンドは，銀行における実務経験にもとづき，また，イギリスの知名の銀行書，ジェームズ・ウィリアム・ギルバート（James William Gilbart）著『実践銀行論』（*A Practical Treatise on Banking*）における銀行簿記に関する解説を参考にして，伝票，現金式総合仕訳帳，および総勘定元帳からなる複式簿記の帳簿システムを案出したとされている[67]。シャンドの原稿は紙幣寮の同僚によって

65　友岡『歴史にふれる会計学』122〜126頁。

66　当時の正式の表記は「印度龍動及支那チャルトルド・メルカンタイル銀行」（西川『日本簿記史談』128〜129頁）。

67　ただし，例えば黒澤清はギルバートの『実践銀行論』による影響を否定し，『銀行簿記精法』の簿記法をもって日本特有の簿記法として高く評価している（黒澤清『日本会計制度発展史』1990年，45頁）。

第2章　明治時代における洋式簿記の導入　*55*

翻訳，削補校正され，刊行されたが，これよりまえに刊行されていた『帳合之法　初編』が，前述のように，単式簿記を扱うものだったため，複式簿記書としてはこの『銀行簿記精法』が日本初ということになる。

　大蔵省紙幣頭，芳川顕正による序は「天下の事，会計より重きはなし」[68] と始まり，「簿記法は勘定を附込む法と云ふ義にして，其法二種あり。一を単記（シングルエントリー）と云ひ，一を複記（ドーブルエントリー）と云ふ」[69] と始まる凡例は「複記の法を用ゆれば，如何程混雑したる勘定にても唯貸借両方を突合す一事を以て全体の正誤を判ずるを得るのみならず，若誤謬あれば其本原を索出し直ちに之を改正するを得るなり」[70] と複記式の自検機能をもって説く[71]。

　『銀行簿記精法』は「実に周到に作られた銀行会計における記録のマニュアルで」[72] あって，『帳合之法』が「典型的な簿記入門の「初級用テキスト」であるのと好対照をなしている」[73] ともされ，『銀行簿記精法』「と『帳合之法』とでは，簿記のレベルは，これはもう問題にならない。仕訳帳制をとってみても，前者は

68　啊爾唪暹度／海老原濟，梅浦精一（訳）／芳川顕正（督纂）『銀行簿記精法』1873 年，「序」1 丁表。

69　同上，「凡例」1 丁表（（　）書きは原文）。

70　同上，「凡例」2 丁表。

71　ただし，「凡例はシャンドの原案の不足部分を補ったものである。……資料はシャンドの提供と思われるものが多い」（西川『文献解題　日本簿記学生成史』26 頁）。

72　久野秀男『わが国財務諸表制度生成史の研究』1987 年，329 頁。

73　同上，329 頁。

56

「複合制」，後者は「単一制」である」[74] とされる。

　国立銀行条例を受けて 1873 年に設立された日本初の銀行にして，また，株式会社としても最初のものないし「わが国で最初の完備した株式会社」[75] とされる第一国立銀行（第一勧業銀行を経て，みずほ銀行）はその年に第 1 回の決算を行ったが，シャンド式簿記による記帳にもとづき，国立銀行条例および別に制定された国立銀行定期報告差出方規則にしたがって作成されたその決算報告書（1873 年 12 月 31 日付け）はこれも日本初のものとされている。

　また，翌々年には減価償却が行われている。「近代会計ないし今日の会計は一般に「発生主義会計」と称され，ときに減価償却は発生主義をもって代表するともされ」[76] ているが，「わが国減価償却史における第一走者は……第一国立銀行と第四国立銀行（現在の第四銀行）とであった」[77] とされる。この 2 行は 1875 年にシャンドの勧告ないし指導にもとづいて減価償却を開始している[78]。

　なお，『銀行簿記精法』については「決算並びに財務諸表に関する解説を悉く欠いている点」[79] がときに指摘され，「「銀行簿記精法」のもっていた最も大きな会計方法上の欠陥は決算に関する記帳手続が全然解説されていない点であった」[80,81] ともされてい

74　同上，329 頁。

75　同上，1 頁。

76　友岡賛『会計と会計学のレーゾン・デートル』2018 年，119 頁。

77　高寺貞男『明治減価償却史の研究』1974 年，35 頁。

78　同上，28〜35 頁。

79　久野『わが国財務諸表制度生成史の研究』2 頁。

るが，『銀行簿記精法』「は「会計記録」のマニュアルであり，「国立銀行定期報告差出方規則」は「会計報告」のマニュアル……これらがふたつで一組というわけである」[82] とされる。

　この『銀行簿記精法』における簿記法は銀行簿記としてのちに長く用いられ，また，「シャンド式簿記」ないし「シャンド・システム」とも呼ばれ，「実務に即したものであった」[83] こともあって，銀行のみならず，「銀行以外の多くの会社の簿記実務に……影響を与えている」[84,85]。

　第一国立銀行に後続し，各地に次々と設立された国立銀行（発

80　片野一郎『日本・銀行簿記精説』1956 年，96 頁。

81　ただし，この批判には次のような「想像」が続いている。

　　「これは，洋式簿記に関してまったくの文盲であったその当時のわが国の実情に即して火急に複式簿記知識を導入する必要上，とりあえず借方貸方の記入方法と帳簿の記入技術を習わせて実践の用に資するためには，混み入った決算手続は後日改めて教示するというのが「精法」編纂上の基本的な考え方であったと想像するのが，まず至当であろう」（同上，96 頁）。

82　久野『わが国財務諸表制度生成史の研究』2 頁。

83　津村怜花「『銀行簿記精法』（1873）に関する一考察」『六甲台論集──経営学編』第 56 巻第 1 号，2009 年，48 頁。

84　津村怜花「和式帳合と複式簿記の輸入──江戸時代から明治時代にかけて」中野常男，清水泰洋（編著）『近代会計史入門』2014 年，145 頁。

85　「シャンド・システムは，銀行経営に適用されたばかりでなく，明治中期以降の産業革命の進展に伴ない，多くの商工業経営にも浸透するにいたった」（黒澤『日本会計制度発展史』4 頁）とされているが，この点については次章に述べられる。

券銀行）はすべてシャンド・システムを採用した。第一国立銀行
設立の推進役であった渋澤栄一は大蔵省を退官して，同行の総監
役[86]に就き，1875年には頭取に就任しているが，この渋澤は彼
こそが叙上の各地の国立銀行にシャンド・システムを普及させた
のだった[87]。

　ただし，明治政府は1882年（明治15年）に日本銀行条例を制
定，国立銀行による発券制度を廃し，発券を中央銀行（日本銀
行）に集中することとし，したがって，各地の国立銀行はすべて
普通銀行に転換するに至った[88]が，しかし，その後も「シャン
ド・システムは……昭和40年代の初期にいたるまで，わが国の
すべての銀行の会計システムとして実施されてき」[89]ており，
「日本銀行が，その会計制度上で，シャンド・システムから完全
に離脱したのは昭和40年代の半ば頃のこと」[90]とされる。

　なお，「簿記書の書名に「簿記」という言葉を用いたのは，本
書（『銀行簿記精法』）が最初である。それは……国立銀行条例の
第24条で，「銀行簿記計算報告書等書例ノ事ヲ明ニス」と「簿
記」という言葉が用いられていたことから，それとの統一を考え

---

[86]　「頭取およびその他の重役の上に，総監役と称する地位を特別に
　　設けて……」（黒澤清「近代簿記会計の誕生──銀行簿記精法，帳合
　　之法と制度会計の史的源泉」青木茂男（編）『日本会計発達史──
　　わが国会計学の生成と展望』1976年，13頁）。

[87]　同上，3～4，12頁。
　　黒澤『日本会計制度発展史』4，11頁。

[88]　同上，12頁。

[89]　同上，13頁。

[90]　同上，12頁。

たのであろう」[91,92]。

政府会計への複式簿記の導入

さて，政府においては「どうして複式法が選択されたのか」，「どうして複式簿記は廃されることとなるのか」。

工藤は次のように述べている。

「財政負担の激増」[93] を受けて「明治政府は，初期段階から，国家財政を会計によって有効に規律づける必要性を自覚し，そのための制度の改廃を繰り返し行ってきた。……そして1876 年（明治 9 年），大蔵省は，まず自身の会計システムに対して西洋式の複式簿記を採用することを決断した……。大蔵省が，なぜ，自律性ある国家財政制度のための新しい会計システムに西洋簿記を採用しようとしたのか，その理由については明らかではない。だが，大蔵省が管轄する大阪造幣寮での西洋簿記による会計実践を，大蔵省自身，ある種の「成功体験」と受けとめていたのではないだろうか。それだからこそ，本省においても西洋式の複式簿記を導入しようと計画

91　岡下敏「わが国への簿記の導入とその定着」小林健吾（編著）『日本会計制度成立史』1994 年，36 頁。

92　「当初は book keeping を福沢諭吉は帳合之法と，加藤斌および……小林儀秀は記簿と訳してまちまちであったわけであるが，それが「簿記」に統一されるのは明治も 20 年になってからのことである」（同上，36 頁）。

93　工藤「日本の近代化と西洋簿記の社会化」29 頁。

し，そのためにブラガを雇い入れたのだと思われる」[94]。

　確かに「「造幣寮には開設の初めから……多数の雇外人がいて
……日本官員に技術や事務を教えたが，邦人が漸次それを修得し
たので，明治 8 年の初め多くの雇外人を解職し」たなかにあって，
しかし，「ブラガは，明治 8 年 2 月以後引続き大蔵本省において
「簿記計算方の方法取調べ，かたわら省中の官員へ伝習」を担当
した」のだった。

　　「省内の会計に新しい会計実践が導入されて 1 年半ほどが経
　　過した 1878 年 2 月，「西洋複記式記簿ノ方法ハ出納上必須」
　　であるので，これを全国規模で普及させるため，すべての府
　　県に対して関連する業務につく職員を東京に派遣し西洋簿記
　　の講習を受けさせるという通達を出した。さらに，同年 8 月
　　には大蔵省だけでなく，すべての省庁に「複記帳簿ノ法」を
　　適用するよう稟議申請された。……その結果，1878 年 11 月
　　に「計算簿記条例」が通達された。そこには「各庁金銭ノ出
　　納計算ハ総テ『複記法』ニ拠テ帳簿へ記入スヘシ」（第 1 条）
　　とあり，明治初期のある一定期間，日本の政府会計は完全に
　　複式簿記を採用することとなったのである」[95]。

　亀井孝文は明治時代における日本の公会計の発展過程をもって

94　同上，29 頁。

95　同上，30 頁（（　）書きは原文）。

第2章　明治時代における洋式簿記の導入　*61*

表2-1　公会計の発展過程

第1期	1879年の計算簿記条例の施行に至るまで	「大蔵省内部で……「複式簿記」の記帳法に関する学習が行われ……さらに，大蔵省の強力な主導によって公会計への「複式簿記」の導入が提唱され，その記帳法を義務づける明治11年制定の計算簿記条例が翌年には全省に適用され……「複式簿記」による記帳法採用という劇的な制度形成にまで至った……時期」[96]
第2期	1881年（明治14年）の会計法の制定に至るまで	「全省において「複式簿記」が導入されるとともに，公会計制度に関してどの国を模範とするかが次第に明確になってきた時代で……結論的にいえば，フランス会計制度の影響を強く受けた時代」[97]
第3期	1889年（明治22年）まで	「公会計制度の枠組みと細部にわたるシステム化が進行した時代」[98]
第4期	1889年の明治憲法の制定時以降	「明治憲法の附属法として制定されたいわゆる明治会計法の制定以後の時代で……それまでの歳入歳出予算の執行記録に関して採用されてきた記帳法が一部を除いて基本的に複式簿記から離脱するという，明治12年とは全く逆の方向における2度目の劇的変化を敢行した時代の始まり」[99]

表2-1 [100] のように4区分に捉え，また，「各庁金銭ノ出納計算

96　亀井孝文『明治国づくりのなかの公会計』2006年，18頁。

ハ総テ複記法ニ拠テ帳簿ヘ記入スヘシ」とする「計算簿記条例の第1条からわかるように，すべての省庁で複記法を用いることが明文化されており，わが国公会計史上画期的な規定が制定されたといってよい」[101,102] としているが，工藤が述べているように，「明治初期のある一定期間」であって，亀井は，1879 年より 1889 年まで，をもって「「複式簿記」の時代」と呼んでいる[103]。

さて，どうして複式簿記は廃されたのか。

これについては「その理由の一つは中央銀行である日本銀行が政府から国庫金の管理を委ねられたことである」[104] とされ，1889 年に国庫制度が「独立金庫制から中央銀行への委託金制に転換された」[105,106] ことが挙げられ，「その結果，各省庁は最早，自ら資金管理を行う必要がなくなり，したがって，複式は適切（suitable）ではないと考えたのかもしれない」[107] ともされる。「適切ではない」というよりも，「必要ではない」というべきかも

97　同上，18 頁。

98　同上，18 頁。

99　同上，18〜19 頁。

100　同上，17 頁。

101　同上，85 頁。

102　ただし，「ただ，……この複記法をもってただちに「複式簿記」と解釈するかどうかについて多少の異論はあるかもしれない」（同上，85 頁）と続けている。

103　同上，51〜53 頁。

104　Kudo, 'Why did the 19th Century Japanese Government Adopt the Double-entry in the Accounting System?' p. 55.

105　亀井『明治国づくりのなかの公会計』110 頁。

第 2 章　明治時代における洋式簿記の導入　*63*

しれないが，コスト・ベネフィットを考量すると「適切ではない」，ということだろうか。

　あるいはまた，かつては「財政負担の激増」があったが，やがて財政の好転がみられたため，ともされる[108]。経済状態が良好であれば，手間の掛かる精緻な会計は止めておこう，という事例はときにみることができ，例えば 17 世紀のオランダ東インド会社にあって，在外商館（支店）の会計は「複式簿記による優れたもの」[109] だったのに対して，本国の会計は「貧弱なもの」[110] だったことにみることができ，在外商館については（報告義務が存在したことに加えて）「損益状態の不良」[111] が指摘され，本国に

---

[106]　「明治 15 年（1882 年）6 月，日本銀行条例によって日本銀行が創設され，翌 16 年（1883 年）4 月には同行に国庫金の取り扱いを命じている。しかし，日本銀行が取り扱ったのは租税収入金のみであり，支出業務を取り扱う現金支払所は金庫局であるという不統一な状況を生じさせた。それを収納も支払いも統一しようとしたのが明治 20 年（1887 年）の国庫金出納所設置であり，その実際の出納事務の担当が日本銀行に委託されたのである。ただ，この段階では日本銀行の出納事務取扱いは全面的なものではなく，なお大蔵省金庫局の管轄下に置かれていた。日本銀行が国庫金に関する出納事務を全面的に取り扱う制度が整うには明治 22 年 12 月の「金庫規則」を待つこととなる」（同上，110 頁）。

[107]　Kudo, 'Why did the 19th Century Japanese Government Adopt the Double-entry in the Accounting System?' p. 55.

[108]　工藤談。

[109]　橋本武久『ネーデルラント簿記史論──Simon Stevin 簿記論研究』2008 年，148 頁。

[110]　同上，136 頁。

ついては（外部報告の必要性がなかったことに加えて）「潤沢な利益の享受」[112] が指摘されている。

　ただし，「明治政府成立当初は大幅な赤字を計上しているが，比較的早期に財政バランスの改善に取り組み 1875 年頃には経常的な歳入歳出のレベルでは均衡財政が達成されていた」[113] ともされる。

近代化の象徴

　「西洋式の会計技法は近代化の象徴であって，技術移転の一部として採用された。換言すれば，それは単なる産業技術以上のものであった。政府の指導者たちは西洋式の会計技法をもって近代国家建設に必須のものと看做していた」[114]。

111　同上，148 頁。

112　同上，148 頁。

113　大森徹「明治初期の財政構造改革・累積債務処理とその影響」『金融研究』第 20 巻第 3 号，2001 年，121 頁。

114　Eiichiro Kudo, 'Accounting Knowledge and Merchant Education in Japan: An Historical and Comparative Study,' *The Commercial Review of Seinan Gakuin University*, Vol. 62, No. 2, 2015, p. 24.

第3章 明治時代における
会計教育と会計学の黎明

　明治時代における洋式簿記ないしそれを含む商業教育の展開を，主として文献および教育機関に注視しつつ，辿り，また，日本における会計学の黎明を下野直太郎の説に求め，しかし，下野説における固定資産会計の不在に留意することにより，暫し和式帳合の世界における固定資産の問題に遡る。

明治簿記史の捉え方　　黒澤清によれば，「明治6年（1873年）にはじまって，明治45年（1912年）をもって終わる」[1] 明治簿記史は「その間におよそ二つの時代区分が可能で……第一は，明治6年から明治28年（1895年）にいたるまでの時期で……この時期を明治簿記史の第一段階と名づけ」[2] ることができ，これは「西洋式簿記の翻訳時代である」[3] とされているが，ただしまた，黒澤はその後，「明治簿記史時代は，明治6年から明治32年（1899年）前後にいたる前期と，その後大

1　黒澤清『日本会計学発展史序説』1982年，9頁。
2　同上，9～10頁。
3　同上，10頁。

正初期にいたる後期とに区別することができる」[4] とも述べ，「前期は，複式簿記の普及発展の時代に属する」[5] としている。

さて，まずは「明治 28 年」に何があったのかといえば，「日本人の独自の構想に成る最初の簿記文献」[6] とされる下野直太郎の『簿記精理』の刊行であって，したがって，この書の刊行に至るまでの「第一段階」の「簿記書は，すべて翻訳ないし翻案」[7] だったため，「西洋式簿記の翻訳時代」とされ，他方また，「明治 32 年」に何があったのかといえば，明治 23 年（1890 年）に公布された商法（旧商法）に対する批判からもたらされた現行商法の公布，施行であって，これについて黒澤は次のように述べている。

「明治中期にはじまる近代立法運動は，近代国家としての明治日本の新生面を開いたものではあるが，明治初期以来旺盛な展開を示した明治簿記時代は，逆に沈滞の時代を迎えるにいたった。ドイツ旧商法の不完全な計算規定をそのまま明治 32 年の日本商法典が継受し，簿記，会計に対する軽視の思想を生んだことがその一因である。こうして明治簿記時代は終焉の時を迎えた」[8]。

「日本の近代立法運動が，その成果をおさめた瞬間から，わが国には，新しい矛盾の萌芽がきざしはじめたのである。そ

4　黒澤清『日本会計制度発展史』1990 年，4 頁。

5　同上，4 頁。

6　黒澤『日本会計学発展史序説』10 頁。

7　同上，10 頁。

8　黒澤『日本会計制度発展史』5 頁。

れは法律万能主義の傾向である。……明治後期から大正時代にかけて，経済の長期停滞と，会計制度および会計学の沈滞ともいうべき時代に入りこんだことは否定し得ない事実である」[9]。

　なお，起点の「明治6年」については，この年，日本初の洋式簿記書たる福澤諭吉の『帳合之法』と日本初の複式簿記書たるアラン・シャンド（啊爾嗹暹度）（Allan Shand）の『銀行簿記精法』の刊行があったことは言を俟たないが，「明治維新以来，日本民族が，経済的，法制的，教育制度的に，多面的な日本近代化のために，創造的につちかってきたところの歴史的軌跡として」[10]明治簿記史を捉える黒澤によれば，前章に引かれたように，大蔵省紙幣頭による序が「天下の事，会計より重きはなし」とする『銀行簿記精法』は「新しく生まれた明治時代の社会的経済的目標を達成するための知的原動力としての役割期待の産物」[11]として捉えられ，これも前章に引かれたように，「帳合も学問なり」とする福澤の『帳合之法』は「今やまさに生まれようとしていた日本資本主義時代を先導する役割をうけもつばかりでなく……日本資本主義のエートスの源泉にほかならなかった」[12]。

9　同上，139頁。
10　同上，141頁。
11　同上，142頁。
12　同上，142頁。

洋式簿記の教育　「わが国で最も早い簿記教育ないしは洋式商業教育の機関」[13] は 1874 年（明治 7 年）に設立された大蔵省銀行学局だった[14]。

　大蔵省は 1872 年（明治 5 年）に国立銀行条例を制定，公布し，また，シャンドを雇傭し，翌年には『銀行簿記精法』を刊行しているが，「銀行学局の設立はそれらに続く銀行業育成策の一環であり，シャンドのすすめによるもので」[15]，「銀行学局の主要任務は銀行業に必要な人材の養成と，関係文献の翻訳とであった」[16]。

　すなわち，相次ぐ銀行の設立を受け，「銀行経営ならびに銀行簿記の知識をもつものを多数養成しなければならなかったので，大蔵省紙幣寮に銀行学局が設置され，銀行に関する一般知識とともに，シャンドの銀行簿記精法をテキストとして，銀行簿記に関する教育が実施された」[17]。この銀行学局は翌々年に廃止されたものの，1877 年（明治 10 年）には大蔵省銀行課に銀行学伝習所が開設され，これも翌々年に廃止されたものの，しかし，その後も，非公式な銀行学伝習所を経て，1882 年（明治 15 年）には銀行局の銀行事務講習所が開設をみ，1886 年（明治 19 年）に文部省に移管されたのちは「東京商業学校付属銀行専修科」，同校

13　西川孝治郎『日本簿記史談』1971 年，188 頁。

14　ただし，その前に 1872 年（明治 5 年）に設置された大蔵省翻訳局があり，これも銀行学局と同様の目的を有していたが，しかし，短命に終わり，その事績も不詳である（同上，188〜193 頁）。

15　同上，194 頁。

16　同上，199 頁。

17　黒澤『日本会計学発展史序説』13 頁。

第3章 明治時代における会計教育と会計学の黎明 69

「付属主計専修科」,「高等商業学校」付属主計専修科,同校「付属主計学校」と改称されつつ,銀行簿記等の教育はこれが続けられ[18],「以上のような状況のもとに,明治10年前後から明治28年前後にかけて,銀行簿記に関する書物が多数出版され……これらの銀行簿記書の共通の特徴は,いずれも,「銀行簿記精法」によって導入されたシャンド・システムを土台にしていること」[19]だったとされる。

「明治6年以来,昭和40年代の初期にいたるまで,わが国のすべての銀行の会計システムとして実施されてきたばかりでなく,多くの商工業者の間に普及し,かつ日本的伝票式簿記法の源泉となったものである」[20]とされるシャンド・システムの最大の特徴は伝票,日記帳(現金式総合仕訳帳),総勘定元帳をもって構成される帳簿システムにあり,「シャンド式簿記はすべての取引を伝票に記録するのだが」[21],ただし,『銀行簿記精法』においては「伝票」の語はいまだなく,「入金手形」,「出金手形」の語がこれに該るものとして用いられ,また,振替伝票はこれに該る「振替手形」もおよそなく,「入金伝票」,「出金伝票」,「振替伝票」が揃うのはその後の第一国立銀行の実務を通じてのことだった[22]。

---

18 西川『日本簿記史談』第6話。

19 黒澤『日本会計学発展史序説』13〜14頁。

20 黒澤『日本会計制度発展史』13頁。

21 西川孝治郎「シャンド式簿記の起源論争」『商学集志』第44巻第2・3・4号,1974年,246頁。

22 黒澤『日本会計制度発展史』24頁。

「シャンド・システムは，各地の国立銀行によって採用され
たばかりでなく，商工業を含む多くの会社によってひろく採
用されるにいたった。国立銀行の簿記担当者要員は，はじめ
大蔵省の銀行学局，銀行学伝習所等によって養成されたが，
後には，民間の簿記学校で養成されるようになった。明治
10年代から明治20年代にかけて，民間の簿記学校が多数設
立され，簿記学校用教科書として多数の簿記書が出版された
のである。明治19年から明治25年（1892年）にかけて，簿
記学校時代ともいうべきブームが発生し，簿記書の出版もこ
の時期に，一つのピークに達したのである」[23]。

　明治初期における簿記教育の流行，すなわち許多の簿記書の出
版とそうした簿記書に対する需要をもたらした多くの簿記教育機
関の出現は「簿記ブーム」[24] とも称される。

　前章に引かれたように，福澤も『帳合之法』について「書物は
売れたれども，扨この帳合法を商家の実地に用ひて店の帳面を改
革したる者は甚だ少し」と述べているとはいえ，「書物は売れた」
のだった。また，『銀行簿記精法』は「国立銀行に使用させたの
で，この本はすぐに実用に直結したが」[25]，これは例外であって，
「さほど実用に供されない簿記が，多くの学校で教えられ，多く
の本になったのは，一つの流行であり，ブームであるという以外
に，解しようがない」[26] とされ，すなわち，実践への普及は進ま

23　黒澤『日本会計学発展史序説』14頁。
24　西川『日本簿記史談』379頁。
25　同上，379頁。

ず，「商家の子弟は学校で簿記を学んでいるが，その家の店では昔からの大福帳を使っていた」[27]。

そうした「明治の西洋簿記ブームは，明治10年代から20年代にも続いた」[28]。

洋式簿記の導入形態　西川孝治郎によれば，西洋式簿記の導入には複合体導入と単体導入の二つの形態があった。

前者については「幕末以来この時期の簿記導入は産業技術・経済制度と結合した，いわば一種の複合体として行われた。仕事と密着した簿記実務であり，それを外人指導者が，手をとって教えたのが特徴である」[29] と説明され，複合体導入にあって「西洋簿記は，それまでの日本には存在しなかった新しい組織や制度の移転に付帯して導入されたものであった」[30] とされ，前章に述べられたビセンテ E. ブラガ（Vicente E. Braga）の造幣寮，あるいはシャンドの紙幣寮が例に挙がる。

26　同上，379頁。

27　同上，385頁。

28　同上，385頁。

29　西川孝治郎「日本会計史〔2〕 洋式簿記のわが国への導入」小島男佐夫（責任編集）『体系近代会計学［第6巻］ 会計史および会計学史』1979年，295～296頁。

30　工藤栄一郎「日本の近代化と西洋簿記の社会化」『企業会計』第68巻第3号，2016年，31頁。

「シャンド・システムは銀行会計上採用されたばかりでなく，商工業を営む多数の会社企業においてもこれを採用するものがすくなくなかった。銀行特有の勘定科目の代わりに，商工業に適する勘定体系を工夫し，銀行固有の帳簿組織の代わりに商工業に適応する帳簿組織を設けることによって，シャンド・システムは銀行以外の企業にとっても応用可能のものとなった。特にシャンド・システムの特徴をなす伝票システムおよび日記帳から成る主要簿体系は，銀行以外の商工業に応用されることによって，日本特有の簿記システムを形成したのである」[31]。

　他方，後者は「簿記文献の導入を指すのであ」[32]って，「単体導入簿記が，わが国に定着して，商人の実務と結び付くのは，学校を通じてであった」[33] とされているが，しかしながら，商家にあって「新たに導入された西洋式の会計技法を採用する差し迫った必要性はおよそなかった」[34] ため，「拟この帳合法を商家の実地に用ひて店の帳面を改革したる者は甚だ少し」だった。

　ただし，実務との結び付きはさて措き，「学校」についても先

31　黒澤『日本会計制度発展史』68 頁。

32　西川孝治郎「日本会計史〔2〕　洋式簿記のわが国への導入」293頁。

33　同上，305～306 頁。

34　Eiichiro Kudo, 'The Diffusion of Western-style Accounting as Social Knowledge in 19th Century Japan,' *Studies in Foreign Affairs*, Vol. 40, No. 1, 2012, pp. 87–88.

駆は福澤だった。

福澤諭吉と商業教育 1875 年（明治 8 年）にのちの文部大臣，森有礼等によって設立されたのは商法講習所（東京商業学校，高等商業学校，東京高等商業学校，東京商科大学等を経て一橋大学）だったが，その前年に同所の設立趣意書に該る「商学校を建るの主意」を記し，また，この設立に手を貸したのは福澤だった[35]。

これを一つの代表例とし，福澤および慶應義塾の出身者等，彼の周囲の人々は明治期にあって簿記教育を含む商業教育の場の整備に大いに貢献しており，前章に述べられたように，『帳合之法』の初編が刊行された 1873 年 6 月に丸屋（のちの丸善）に設けられた帳合稽古所において中心的な役割を果たしていた[36]中村道太はその嚆矢ともいえよう。

福澤はその後，同年 11 月には慶應義塾の大阪の分校，翌年には京都の分校において簿記を教授させ，1878 年（明治 11 年）には三田の慶應義塾に「記簿の科」[37]を設け[38]，その翌年の「明治 12（1879）年には京橋区南鍋町に簿記講習所を……自ら出資して

35　この辺りの事情については下記のものを参照。
　　山内慶太「福沢諭吉門下生による会計教育の全国展開」『企業会計』第 68 巻第 3 号，2016 年，35〜37 頁。

36　同上，37 頁。

37　慶應義塾（編纂）『福澤諭吉全集　第 17 巻』1961 年，256 頁。

38　西川『日本簿記史談』229 頁。
　　山内「福沢諭吉門下生による会計教育の全国展開」37 頁。

74

開設し」[39]、また、岩崎彌太郎によって 1878 年に設立された三菱商業学校については福澤の書翰（井上馨宛、1879 年 2 月 10 日付け）が「此商法学校の校長なり教員なり、悉皆慶應義塾の旧生徒のみにして、恰も義塾の分校と云ふも可なり」[40] と述べており[41]、さらにまた、商法講習所に後続して次々と設けられた神戸商業講習所、大阪商業講習所、岡山商法講習所、横浜商法学校等についても「福沢諭吉はそれを支援し、慶應義塾の出身者が教員として派遣された」[42]。

下野直太郎の存在意義

さて、既述のように、明治簿記史の「第一段階」が幕引きをみる「明治 28 年」に何があったのかといえば、「日本人の独自の構想に成る最初の簿記文献」とされる下野の『簿記精理』の刊行であって、したがって、この書の刊行に至るまでの「第一段階」の「簿記書は、すべて翻訳ないし翻案」だったため、「西洋式簿記の翻訳時代」とされ、ちなみに、前章に述べられたように、「翻訳時代」の起点たる福澤の『帳合之法』はこれを酷評したのは商法講習所を前身とする東京高等商業学校の教授、下野だった。

高等商業学校に学び、1892 年に母校の教授に就任、3 年後に『簿記精理』を上梓するも、やがて教授を辞して保険会社に勤め

39　同上、37 頁（（　）書きは原文）。

40　慶應義塾（編纂）『福澤諭吉全集　第 17 巻』285 頁。

41　西川『日本簿記史談』373〜378 頁。
　　山内「福沢諭吉門下生による会計教育の全国展開」37〜38 頁。

42　同上、38 頁。

たが，1900年（明治33年）に高等商業学校に戻り，東京高等商業学校の教授を経て東京商科大学教授を定年まで務めた[43] この下野は日本における会計学の黎明をもって代表していた。『簿記精理』の上梓はこれによって「それまでは単に外国簿記書の翻訳輸入にのみ終始していた明治簿記史に一つの転機がもたらされた」[44] とされ，「ここにはじめて，日本人の独自の思索の成果としての簿記原理が生み出された」[45] とされる。

　これ以前の簿記書は森島修太郎（のちに高等商業学校（かつての商法講習所）の教授を務めた）の『三菱商業学校簿記学例題』（1878年）を嚆矢としてE. G. フォルサム（E. G. Folsom）（アルバニー・ブライアント＆ストラットン専門学校の経営者）の *The Logic of Accounts*（1873年）の翻訳ないし祖述の類いが多かった[46]。慶應義塾に学んだのち，商法講習所の最初の卒業生となり，同所の助教を経て三菱商業学校の教壇に立つこととなった森島の『三菱商業学校簿記学例題』はフォルサムの「いわゆる「受渡説」をわが国に最初に紹介した文献として知られている」[47] が，「すべての事業取引に価値の等価的な受け渡しが存在する（In all business transactions there is a coequal receiving and giving of values）」[48] とするフォルサムの書が *Reducing All Their Exchanges to Nine Equations*

43　日本会計学会（編）『東奭五郎先生，下野直太郎先生古稀記念論文集［第1巻］　会計理論』1935年，「下野直太郎先生略歴」1頁。

44　黒澤『日本会計制度発展史』119頁。

45　黒澤『日本会計学発展史序説』17頁。

46　西川『日本簿記史談』331〜339頁。

47　黒澤『日本会計学発展史序説』19頁。

と副題されているように，この「受渡説」は「9種の受渡（交換）の組合せに基づいて複式簿記のしくみを説明しようと」[49]するものであり，当時の「日本の簿記教育は……受渡説が主流となっていた」[50]。

そうしたなか，下野の『簿記精理』はこれも「受渡説の影響のもとに生まれたものであることは否定できない」[51]が，「しかし，下野は，受渡説から脱皮して，計算要素説を立てた」[52]。

『簿記精理』は「簿記とは会計帳簿の組立及記入の方法を講ずるものなり。会計とは有価物件の収支顛末を計算処理することを云ふ」[53]に始まり，「取引」をもって次のように定義している。

　　「凡そ何事に由らず財産の増減変化に係る事件を取引と称す。左れば損失を招きたるも取引なり，利益を得たるも取引なり」[54]。

48　E. G. Folsom, *The Logic of Accounts: A New Exposition of the Theory and Practice of Double-entry Bookkeeping, Based in Value, as Being of Two Primary Classes, Commercial and Ideal: and Reducing All Their Exchanges to Nine Equations and Thirteen Results*, 1873, p. 17.

49　黒澤『日本会計制度発展史』122頁（（　）書きは原文）。

50　同上，121～122頁。

51　黒澤『日本会計学発展史序説』20頁。

52　同上，20頁。

53　下野直太郎『簿記精理　第一編』1895年，「総論」1頁（圏点は原文）。

54　同上，「総論」2頁（圏点は原文）。

第3章　明治時代における会計教育と会計学の黎明　77

「英米簿記書の輸入時代に主流となったのは……Folsom の簿記書であるが，そこでは簿記上の取引が等価的価値の受渡というように，もっぱら「受渡」と解釈されていた。これに対して下野は，「取引」を「財産の増減変化に係る事件」であるとし，取引が最終的にもたらす結果，すなわち財産の増減・変化という側面から定義している。したがって，従来の受渡説では説明困難な，価値の受渡が伴わない損失，利益についても取引として説明できることになる」[55]。

なお，『簿記精理』は実は『第一編』のみの未完の書だったが，同書に続いた『大日本実業学会講義録　簿記』は次のように「取引」を説明している。

「大凡そ何事に由らず，其結果財産高の増減若くは其形の変化を引起したるときは，其事件を総称して取引と云ふ。而して其人為なると，天然の出来事なるとを問はざるなり」[56]。

しかしながら，やがて下野は「計算要素説をみずから放棄して，新しい収支説を主張しようと試み」[57]るに至った。「計算要素説を承継した取引要素説[58]が，ハットフィールド（Henry Rand Hatfield）会計学を典型とする静態的な貸借対照表論，すなわち……財産価

55　原俊雄「わが国簿記理論における収支観――下野理論の検討」『横浜経営研究』第 37 巻第 1 号，2016 年，130～131 頁。

56　下野直太郎『大日本実業学会講義録　簿記　完』1895～1896 年，8 頁。

57　黒澤『日本会計学発展史序説』36 頁。

値計算論的な静的会計学と結びつき」，下野が明治の末頃から「強調しようとしていた収支計算的な動的会計学の思想と背馳するにいたったからである」[59]。

「ひねくれた学者」[60]ともされる下野[61]の説は独創的な動態論だった。「下野会計理論の提唱された時期と前後して，ドイツにおいては，シュマーレンバッハ（Eugen Schmalenbach）の動的貸借対照表論が出現し，いわゆる動態論と静態論との間の論争が展開されていた」[62]が，「下野説はシュマーレンバッハ説とは何ら関連なく，独自に下野自身によって独創的に主張された日本独自の動的貸借対照表にほかならなかった」[63]。

下野説によれば，貸借対照表は財産価値を示すものではなく，すなわち，資産，負債，資本を対照表示する財政状態の報告書ではなく，金銭の収支顛末の報告書だった。敷衍すれば，例えば貸借対照表の借方は資産を示すものではなく，支出の顛末を示すものだった[64]。

---

58 「下野の計算要素説を，取引要素説と改称し，取引 10 要素説として完成したものは，吉田良三である」（同上，22 頁）。

59 同上，36 頁。

60 太田哲三『会計学の 40 年』1956 年，22 頁（ないし太田哲三『近代会計側面誌──会計学の 60 年』1968 年，22 頁）。

61 「下野先生の講義は……まず正味 20 分ぐらいが関の山で……その他の時間の大部分は他の先生の噂であり，多くは悪口であった」（太田『会計学の 40 年』22 頁（ないし太田『近代会計側面誌』22 頁））。

62 黒澤『日本会計制度発展史』150 頁。

63 同上，150 頁。

しかしながら，下野の説にあっては「資産概念が無視され，固定資産会計および減価償却が否定された」[65]。

「下野説の特徴は，その動的会計思想をドラマティックに強調することによって，伝統的会計学を徹底的に批判する点にあった」[66]が，「金銭収支観を強調するあまり，近代会計にとって最も重要な基本原則ともいうべき期間的費用配分の原理が欠落するにいたったことは，下野会計理論の致命的な欠点の一つとなったのである」[67]。

「伝統的会計学を徹底的に批判」した下野説は，しかしながら，近代会計の表象たる減価償却をもって否定していた。

固定資産[68]　　前章に引かれたように，「近代会計ないし今日の会計は一般に「発生主義会計」と称され，ときに減価償却は発生主義をもって代表するともされ」ているが，「わが国減価償却史における第一走者は……第一国立銀行と第四国立銀行とであった」[69]とされ，これも前章に述べられたように，この2行は1875年にシャンドの勧告ないし指導にもとづいて減価

64　黒澤『日本会計学発展史序説』39〜40頁。
　　黒澤『日本会計制度発展史』149〜150頁。

65　黒澤『日本会計学発展史序説』41頁。

66　黒澤『日本会計制度発展史』150頁。

67　同上，151頁。

68　本項は主として財産管理の面から建物等の捉え方を考えるが，利益計算の面からする捉え方については下記のものを参照。
　　友岡賛『歴史にふれる会計学』1996年，第5章。

69　高寺貞男『明治減価償却史の研究』1974年，35頁。

償却を開始している。減価償却の対象はこれが固定資産であることは言を俟たないが，この固定資産をどのように扱うかというところに近代会計ないし会計学の成立の何かがある。

　ところで，時を遡るが，江戸時代の和式帳合の世界にあって固定資産はどのように扱われていたのか。

　江戸時代の商家の算用帳は「固定資産を簿外処理してい」[70]た。すなわち，「当時の一般の商家の帳合法は，固定資産は現物管理が可能であるとして，簿外処理をするのが通常であった。そして，流動資産のみを企業資産として，記帳管理していた。したがって，算用帳の資産合計額は，通常の場合は固定資産分だけ過少表示されていることになる」[71]とされる。
　また，「帳簿は最初は備忘記録として出現し，有体財貨については物自体を管理する方法があるが，債権は備忘記録を必要とする」[72]ともされるが，「記録には記憶という面と証拠という面がある」[73]ともされ，「記憶の面」，すなわち「備忘記録」については「記憶の面はまずは管理のためであって，まずは自分の財産を管理するための記憶の必要から記録がなされる」[74]として以下のように説明される。

70　河原一夫『江戸時代の帳合法』1977 年，29 頁。

71　同上，89 頁。

72　小倉榮一郎『江州中井家帖合の法』1962 年，9 頁。

73　友岡賛『会計学原理』2012 年，233 頁。

74　同上，233 頁。

第3章 明治時代における会計教育と会計学の黎明　*81*

「たとえば，牛がXX頭，だけなら記録は不要かもしれない
が，牛がXX頭，馬がXX頭，羊がXX頭……，となってゆ
くと，管理のために記録が必要になる，ということが考えら
れる。あるいはまた，たとえば，A氏にXX円貸し，だけな
ら記録は不要かもしれないが，A氏にXX円貸し，B氏に
XX円貸し，C氏にXX円貸し……，となってゆくと，債権
の管理に記録が必要になる，ということが考えられる」[75]。
「ただし，簿記における勘定（account）は［①人名勘定 → ②
物財勘定 → ③名目勘定］の順に生成した，とされ，簿記は
債権の備忘記録から始まった，とされる」[76]。
「すなわち，牛がXX頭，馬がXX頭，羊がXX頭……，より
も，A氏にXX円貸し，のほうがさきに記録されるように
なったということになる。この場合の物財（牛，馬，羊等）
はまずは手許にあるため，そうした意味では記憶の必要はな
く，また，数を知りたい場合には数えればよい。他方，債権
はいわば手許を離れたカネであるため，手許にないものはみ
ることができないという意味において記憶の必要があり，ま
た，みることができないものは数えることもできず，そうし
た意味でも記憶の必要がある」[77]。

　ただし，「有体財貨については物自体を管理する方法がある」
としても，例えば商品のようなものは数も種類も多いことが少な

75　同上，233頁。
76　同上，233頁（（　）書きは原文）。
77　同上，234～235頁（（　）書きは原文）。

くなく，流動性（短期的な増減）があり，可動であり，したがって，下記のように記録の必要が生ずるに至る。

> 「ただしまた，物財についても，牛が 30 頭，とか，牛が 10 頭，馬が 10 頭，羊が 10 頭，とかだけなら，手許にあるそれを数えればよく，記録は不要かもしれないが，牛が 3,000 頭，とか，牛が 1,000 頭，馬が 1,000 頭，羊が 1,000 頭，とかになると，手許にあるそれを数えるというわけにはゆかなくなり，記録の必要が生ずる。別言すれば，［数えるというわけにはゆかなくなった状態 ＝ もはや手許にはない状態］ということだろう」[78]。

しかしながら，「家屋敷は動かない（可動ではない）ので，計数化して管理する必要なく，実物が管理せられたのである」[79]。

ただし，例外もあった。

例えば冨山家については，その江戸における貸付部門と不動産部門を担う江戸金方[80]の算用帳「の特色の一つは，固定資産を簿外とせず，沽券（売り渡し証文）価額を参考として，資産計上していることである。ただし，減価償却の考慮は払われていないようである」[81]とされ，このように「土地又は建物などの固定資産が，算用帳に資産として計上されている例は珍しい。しかも，固

78　同上，235 頁。

79　小倉『江州中井家帖合の法』253 頁。

80　河原『江戸時代の帳合法』81 頁。

81　同上，83 頁。

定資産の取得時のみ計上されているのではなく，70年間も継続して計上されているのである」[82] とされている[83]。

また，中井家の枝店[84] の場合，「固定資産は本家所有で有償貸与する」[85] とされていた。

この中井家の本支店会計については「本家・本店の建物・設備等固定資産を出店・枝店が借用するという考え方で不動産賃借料を支払わしめた」[86] ことや「支店の固定資産については，その取得原価を短期間で減価償却する方針をとり，「蔵屋敷普請代」という考え方で，その支店に負担せしめた」[87] ことが指摘され，あるいは「固定資産の簿外資産化，早期償却による正味身代計算の含み」[88] や「固定資産は支店の計算に組入れないで，本家・元方がこれを設置し，支店に貸与するという考え方で，支店には固定資産賃借料と，固定資産維持修繕費を計上するという方法をとった。これは機能としては固定資産減価償却に相当する」[89] という

---

82 同上，88頁。

83 ただし，「資産として計上されている」というからには「取得時のみ計上され」るはずはないため，「しかも」の意味は不明であり，また，不動産部門を担っていたという特殊性をどのように捉えるかが問題だろう。

84 「本家と直接の管理下にある出店がさらに枝葉のごとく枝店を傘下に収める」（小倉『江州中井家帖合の法』28頁）。

85 同上，28頁。

86 同上，77頁。

87 同上，77〜78頁。

88 同上，218頁。

89 同上，218頁。

ことが指摘されている。

中井家にあっては「固定資産は支店には一般に計上されなかった。初代の初期には徹底的に簿外に落した。後になって，支店に一応計上することもあったが，著しく早期償却を行なった」[90] とされ，「固定資産は普請中だけその支店で計算されるが，2, 3 年の短期で償却され簿外資産となってしまう」[91] ともされ，「中井家の方式では固定資産は支店の管理にゆだねず，本家または元方の直轄であった。……簿記によって計算的管理を必要としたのは流動資産を実体とする運転資本であって，固定資産は実物で管理された」[92] ともされている。

　「店卸目録（決算報告書）には固定資産が原則として計上されない。建設中には経過的に計上されることがあっても，短期間で簿外資産にしてしまうのである。そのような次第であるから，減価償却法による費用の期間配分というような問題も生じてこない。別言すれば固定資産に投下された中井家資本は計算にあらわれないで，一切資本の含みとなってしまう。したがって中井家の正味財産は本家店卸計算に出てくるよりは遙かに大きかったのである」[93]。

　ただしまた，中井家の「決算は明らかに資本計算的成果計算と

90　同上，225 頁。
91　同上，253 頁。
92　同上，225 頁。
93　同上，260 頁。

損益計算的成果計算の二成果計算をもってする複式決算構造をなしている」[94] ともされている。

「我が国では損益計算的成果計算の方法は古くから存在し，普及していたことが知られている。……しかし，資本計算的成果の計算は，直ちには成立しない。財産が実物でもって個別的に物財管理される間は，この計算は軽視され，記録を必要とする物財債権のみに帳簿が設けられる。しかるに，出資者が多数になり，持分とか正味身代を確定する必要が生じたときに体系的計算となる」[95] が，しかし，「中井家の場合，初代のその出発点において他人資本の方が大きかったこと，その後も絶えず利用可能な限りの蓄財を動員し，多くは共同事業の形で発展したこと，自らの資本は常に多数の支店に分散利用され，その計算的確認の必要があったことが」[96]「体系的計算」をもたらしていた。

しかし，和式帳合からの連続[97] はやはり近代会計には至らないのだろうか。

『会計学』の嚆矢　閑話休題。その『簿記精理』の刊行をもって明治簿記史の「第一段階」の幕を引いた下野だったが，彼による独創的な動態論の主張は明治の末頃以降のことであって，実は本章の扱う時代区分を逸脱している。それ

94　同上，241 頁。
95　同上，241 頁。
96　同上，241〜242 頁。
97　前章における「連続と断絶」の論をみよ。

ゆえ，あとは次章に譲る。

「下野直太郎」に次ぐのは「吉田良三」の名前だろう。日本において『会計学』と題した書の嚆矢は 1910 年（明治 43 年）に刊行された吉田の『会計学』だった。

「綿密な実証的記述」[98] と評される岡田誠一の 1935 年（昭和 10 年）の「明治簿記学史断片」は「会計学書の濫觴」と題する節をもって次のように述べている。

　「吉田良三博士の「会計学」は本邦会計学書の濫觴として特筆せらるべき書物である。参考文献の少い時代ではあり，英米といふよりも主として米国の Accounting を移植しようといふのであるから，勢い台本を米書に採るの已むなきは当然である。誰れが着筆しても当時としては Hatfield の Modern Accounting に最大の敬意を払ったに違ひない。当時の吉田博士も赤この方針に出られた。鹿野教授（鹿野清次郎）[99] この点に就いて論ぜられたやうであるが，それは余りに多きを求むるものであって，却って「広く知識を世界に求」むるの御趣旨を妨ぐるものとして私自身は採らない」[100]。
　「その後引続いて海老原竹之助訳の最新会計学といふハフト

98　西川孝治郎「岡田誠一」黒澤清（編集代表）『会計学辞典』1982 年，88 頁。

99　鹿野はイギリスのフランシス W. ピクスリー（Francis W. Pixley）やローレンス R. ディクシー（Lawrence R. Dicksee）を祖述している（黒澤『日本会計制度発展史』156 頁）。

第3章　明治時代における会計教育と会計学の黎明　87

　　フィルドの訳本は出て居るが，而してそれが相当に売れた本
　　ではあるが，堂々会計学と名乗って斯界の先頭を切った吉田
　　博士の功労には匹敵すべくもない」[101,102]。

　また，太田哲三の回顧録は「学界の黎明」と題する節において
次のように述べている。

　　「「会計学」と銘を打った著作が我国で初めて表（現）われた
　　のは，早稲田大学の吉田良三教授のものである。……よく体
　　系のととのった名著であった。それよりさきに，東奭五郎先
　　生は商業会計の書を著している。しかしこれは重要な題目に
　　ついての論文を集めたようなものであった。また会計人とし
　　ての大先輩森田熊太郎氏の会計に関する小著述があった。
　　……大正4年には鹿野清次郎先生が「計理学提要」を出版し
　　ている。……何といっても吉田教授の「会計学」は穏健中正
　　である。殊に英米の諸学説を適当に按配した啓蒙の書として，
　　今から見れば物足りないところも無いではないが，当時とし

100　岡田誠一「明治簿記学史断片」日本会計学会（編）『東奭五郎先
　　生，下野直太郎先生古稀記念論文集［第1巻］　会計理論』1935年，
　　311頁。
101　同上，311頁。
102　ただし，この「明治簿記学史断片」が収められている日本会計
　　学会（編）の書はその「序言」が編纂委員を代表して吉田によって
　　執筆されている（日本会計学会（編）『東奭五郎先生，下野直太郎
　　先生古稀記念論文集［第1巻］　会計理論』1935年，「序言」3頁）。

ては優れたものであった」[103]。

「けれども，この著述に対して一番手痛い批判を加えたのが鹿野先生である。これはハットフィールドの書き直しに過ぎないとけなしたのであった」[104]。

　高等商業学校および東京高等商業学校に学び，早稲田大学の教授を経て 1918 年（大正 7 年）から東京高等商業学校および東京商科大学の教授を務め，定年退職後は中央大学の教授を務めた[105]吉田の『会計学』は「ハットフィールド会計学の祖述にすぎなかったけれども，これを自家薬籠中のものとして十分に消化し，日本における会計学時代の出発点となった点において，その貢献するところ偉大なものがあったといってさしつかえない」[106] とされる。

　「ハットフィールド会計学」については，トーマス・ジョーンズ（Thomas Johns），チャールズ E. スプレイグ（Charles E. Sprague），F. ヒューグリ（F. Hügli），ヨハン・フリードリヒ・シェアー（Johann Friedrich Schär）等の説，とりわけシェアー[107] の説に多く学んで

103　太田『会計学の 40 年』15〜16 頁（ないし太田『近代会計側面誌』15〜16 頁）。

104　太田『会計学の 40 年』16 頁（ないし太田『近代会計側面誌』16 頁）。

105　日本会計学会（編輯）『吉田良三先生，原口亮平先生還暦祝賀論文集［第 1 巻］　原価及原価計算』1940 年，「吉田良三先生略歴」1 頁。

106　黒澤『日本会計制度発展史』145 頁。

Modern Accounting（1909 年）を書いた[108] ハットフィールド（カリフォルニア大学準教授）の「会計学の特徴は，貸借対照表理論をもってその実質的内容とする古典的会計学の典型である点に求められるが，彼は会計の基本等式　資産 − 負債 = 資本持分　または，資産 = 負債 + 資本持分　を定立し，簿記原理を会計学の内部に構造化した鮮やかな方法論を展開し，アメリカ会計学の先駆者的役割をはたした」[109] とされている一方，「ハットフィールドの 1909 年版では，まずその冒頭に，資本主理論の簿記が展開され，資本主の立場が全編にみなぎっているところから，彼の理論の静態性は否定しえないであろう」[110] ともされ，あるいはまた，ハットフィールドの論は「＜資産 − 負債 = 資本主持分＞という資本等式によるもので……自身の議論が……依拠していることを明らかにしている……Schär……の所説は物的二勘定系統説と呼ばれ……この物的二勘定系統説は，資本等式説と同じものと考えられており，資本主の正味財産の計算が第一目的とされ」[111] て

107　1846〜1924 年。母国スイスにて長く教壇に立ったのち，1906 年からドイツのベルリン商科大学にて教授職にあった（安平昭二『簿記理論研究序説──スイス系学説を中心として』1979 年，4〜5 頁）。

108　Henry Rand Hatfield, *Modern Accounting: Its Principles and Some of Its Problems*, 1909, pp. 21-22, 33.

　　なお，ここで依拠されたのは「シェアーの会計学への貢献は，1890 年発行の「簿記の科学的取扱いの試み」でもってはじまる」（安平『簿記理論研究序説』5 頁）とされるシェアーのスイス時代の著作。

109　黒澤『日本会計学発展史序説』33 頁。

110　高木泰典『日本動態論形成史』2000 年，155 頁。

90

いるともされる。

なお，「Hatfield は，アメリカの大学において最初に会計学担当の教授になった学者で……その道程は取りも直さず，アメリカ会計学誕生の里程標といってよい」[112,113]。

黒澤によれば，「日本の会計学界におけるリーデング・マンの名を，各時代に割りあてて，一人だけあげるものとすれば，明治中期から大正時代を代表するものは，下野直太郎であり，大正末期および昭和時代の初期から昭和 18 年（1943 年）ごろまでを代表するものは，吉田良三」[114] とされ，「下野会計学は，卓越した独創性に満ちた会計思想であった反面において，多くの不備を残し……日本会計学の主流を占めることができなかった」[115] 一方，「明治簿記時代が終焉を告げ，大正時代を経て昭和初期の時代に入る過渡期においては，穏健で常識的な吉田良三の会計学が，日本会計学の伝統形成に多くの貢献をもたらしたのであった」[116]。

111　桑原正行「会計理論の生成と展開──世紀転換期から 1920 年代のアメリカにおける学説史的展開」中野常男，清水泰洋（編著）『近代会計史入門』2014 年，254 頁。

112　山地秀俊「Hatfield 会計学の現代性──クリーン・サープラス問題をめぐって」土方久（編著）『近代会計と複式簿記』2003 年，75 頁。

113　ハットフィールド説のさらなる解釈は例えば下記のものを参照。
　　中野常男，高須教夫，山地秀俊『アメリカ現代会計成立史論』1993 年，118〜122 頁。

114　黒澤『日本会計学発展史序説』65 頁。

115　黒澤『日本会計制度発展史』152 頁。

116　同上，152 頁。

あるいはまた，太田は「我国の会計学界が吉田さんに負うところは極めて大である。吉田さんこそ，真の意味で我国の会計学の創始者であるといってもよいのではなかろうか。とにかく正しい英米の思想を妄りに私見を加えないで輸入し，普及発展せしめたことは，忘るべからざる功績であると思う」[117] と述べている[118]。

大正以降へ　　その他，看過しえない名前としては「上野道輔」や「東奭五郎」を挙げることができよう。

東京帝国大学を卒業，長く同大学の教授を務めた上野は大蔵省の企業会計審議会（当初は経済安定本部企業会計制度対策調査会）の初代の会長を務めたことをもって銘記されようし，また，東は東京高等商業学校に学び，神戸高等商業学校の教授となり，1908年（明治41年）という早くから欧米に留学するも，会計プロフェッションの必要性に鑑み，教授職を辞して実務家となっており，日本におけるこのプロフェッションの先駆として銘記され，この東は下野や吉田とともに日本会計学会を創立する[119] こととなるが，ただし，実は以上のことはその大半が大正期以降のことだった。

117　太田『会計学の40年』38頁（ないし太田『近代会計側面誌』37頁）。

118　なおまた，吉田「氏の簿記教科書は明治大正を通じての代表的なものであった。簿記といえば吉田氏を連想するほどであり……牛込砂土原町の家は簿記御殿とあだ名された」（太田『会計学の40年』36頁（ないし太田『近代会計側面誌』35頁））。

119　黒澤『日本会計学発展史序説』53頁。

第4章　会計学の発展と
財務諸表準則の意義

　明治期以降の会計学の展開の道筋を辿り，1934年（昭和9年）に設けられた財務諸表準則の会計学発展史上の意義が確認される。

1920年代から
第2次世界大戦まで

　　日本において或る会計理論を強く主張したのは下野であった。彼は当時，伝統的な会計思想となっていた静態論を遠慮なく批判し，1926年および1929年の論攷において動態論を主張した。

　　下野の会計理論は原価配分の原則を欠いており，その欠点が明るみに出たため，彼の理論においては固定資産の概念および減価償却を旨く扱うことができない，という批判がもたらされた。

　　太田哲三（1889〜1970年）は下野の理論を承け，原価配分の原則を認めることによって下野の理論の欠点を除き，日本における動態論の基礎を築いた。1934年に太田は吉田と

ともに財務諸表準則を起草し，この財務諸表準則は，1937年に設けられた製造原価計算準則とともに，日本企業のための新しい会計制度構築への道を拓いた。1938 年には吉田や太田や黒澤清（1902〜1990 年）といった研究者によって日本会計研究学会が設立された。

　日本の陸軍は物資調達の価格決定のために軍需品の原価計算の指針をまとめた。この指針は 1939 年に陸軍について，1940 年には海軍について定められ，この二つの指針は 1935 年（正しくは 1941 年）に中西寅雄（1896〜1975 年）の指揮の下，企画院によって合一され，1942 年に法制化された原価計算規則に組み入れられた[1]。

会計学発展史の時代区分

　黒澤清は，前章にみたように，「明治簿記史」をもって 1873 年（明治 6 年）から 1895 年（明治 28 年）までの「第一段階」と 1895 年から 1912 年（明治 45 年）までの「第二段階」に区分し，あるいは 1873 年から 1899 年（明治 32 年）前後までの「前期」と 1899 年前後から 1910 年代半ば[2]までの「後期」に区分しているが，他方また，表 4-1[3]のように「日本における会計学の歴史的発展段

1　Kozo Iwanabe, 'Japan,' in Michael Chatfield and Richard Vangermeersch (eds.), *The History of Accounting: An International Encyclopedia*, 1996, p. 352 ((　) 書きは原文).

2　ただし，黒澤は「大正初期」としている。

3　黒澤清『日本会計制度発展史』1990 年，184〜186 頁。
　　ただし，作表は筆者（友岡）。

第4章　会計学の発展と財務諸表準則の意義　*95*

表 4-1　会計学の歴史的発展段階

第1世代	1873 年〜	「明治簿記史時代」	福澤諭吉, アラン・シャンド, 下野直太郎
第2世代	明治末期〜	「静態的会計思考」の時代	吉田良三（ヘンリー・ランド・ハットフィールドの祖述）, 上野道輔（ヨハン・フリードリヒ・シェアーの祖述）
第3世代	大正末期〜 昭和初期	「動態的会計思考の台頭の時代」 「財務諸表準則時代」	下野直太郎, 太田哲三
第4世代	第2次世界 大戦後	「企業会計原則時代」[4]	

（ただしまた，黒澤は他方，「日本の会計学界におけるリーデング・マン（*ママ*）の名を，各時代に割りあてて，一人だけあげるものとすれば，明治中期から大正時代を代表するものは，下野直太郎であり，大正末期および昭和時代の初期から昭和 18 年（1943 年）ごろまでを代表するものは，吉田良三であり，次いで吉田亡きあとの昭和時代中期から昭和 40 年代にいたる時代を代表するものは太田哲三である」[5] ともしているが，それはさて措く。）

階を……四つの世代に区分し」[6] ている。

　なお，前章にあっては明治期以前が扱われたため，まずは第1世代の下野直太郎までが取り上げられ，また，吉田良三の『会計学』はこれ「の出現をもって明治簿記史の時代は終わった」[7] と

4　「いよいよ本書の締め括りである「企業会計原則」の制定を迎えるところで絶筆となってしまった」（同上，ⅱ頁（長畑寛照稿））。

5　黒澤清『日本会計学発展史序説』1982 年，65 頁。

6　同上，184 頁。

され，同書は「日本における会計学時代の出発点となった」[8] とされているが，前章にあっては明治期の末に線が引かれて第2世代は吉田までが取り上げられ，大正期以降に位置する上野道輔については，したがって，名を挙げる程度に止められた。

上野道輔とシェアー学説　日本の会計学にあって「大正時代を代表する画期的な業績」[9] として挙げられる上野の『貸借対照表論──会計学第2部』（上巻，1925年（大正14年））（下巻，1926年（大正15年））は「すでに，動態会計が大きく羽ばたきだした時」[10] に「静態的な財産計算説」[11] を示したものであって，「静的貸借対照表論の代表的論者のひとりと数えられている」[12] ヨハン・フリードリヒ・シェアー(Johann Friedrich Schär) の書を典拠としていたが，ただし，上野はそのまえに上梓した『簿記原理──会計学第1部』（1922年（大正11年））において既にシェアーを祖述していた[13]。

　ちなみに，上野は副題の『会計学第1部』について「会計学第1部「簿記原理」と云ふは，其の第2部として「貸借対照表論」

7　黒澤『日本会計制度発展史』140頁。

8　同上，145頁。

9　同上，354頁。

10　高木泰典『日本動態論形成史』2000年，87頁。

11　同上，87頁。

12　興津裕康「静的貸借対照表論の論理」北村敬子，新田忠誓，柴健次（責任編集）『体系現代会計学［第2巻］　企業会計の計算構造』2012年，184頁。

13　黒澤『日本会計制度発展史』354〜355頁。

があるからである。「貸借対照表論」の刊行は，今茲に時を定めて之を約することを得ないが，1，2年後には出したいと思ふ」[14]としており，3，4年後に『会計学第2部』を上梓しているが，他方，『簿記原理』の性格については「曩に『簿記原理』に於て説述したる簿記理論の系統的説明は，其の教科書たる性質上簡潔を旨とし重複を避けたる結果，説きて言葉の足らざる憾多く論ずべくして割愛したる所亦尠しとしない」[15]として後年，『簿記理論の研究』を著しており，そこにおいてシェアーはやはり中心的に扱われている。

　閑話休題。1912年に東京帝国大学を卒業，文部省外国留学生（4年間）を経て，1917年（大正6年）に母校の助教授に任じられ，1919年（大正8年）に教授に就いた[16]上野の『簿記原理』は「シェアーの……物的二勘定説を忠実に紹介し……日本のまだ後進的だった学界に大きな驚きをあたえた」[17]。「上野博士……はフリードリッヒ・シェアーの物的二勘定系統説の研究を世に問はれ……当時，英米の文献から比較的浅薄ともいうべき複式簿記の貸借理論が紹介されていたにすぎなかったわが会計学界にとって，博士の真摯な業績は実に大きな驚異に値するものであった」[18]。

14　上野道輔『簿記原理──会計学第1部』1922年，「序言」3頁。

15　上野道輔『簿記理論の研究』1928年，「序言」1頁。

16　日本会計学会（編）『上野道輔先生，太田哲三先生還暦記念論文集［第1巻］　財務諸表論』1950年，「上野道輔先生略歴」1頁。

17　黒澤『日本会計制度発展史』355頁。

18　日本会計学会（編）『財務諸表論』「序」1〜2頁。

98

　上野自身は『簿記原理』の刊行の意義をもってドイツに求め，すなわち「之に由って独逸系統の簿記学の研究が決して軽視すべからざるものであるのみならず，簿記学の理論的研究は之を英米の著書に求めんよりは寧ろ独逸の著書に於て求めなければならない事を明かにすることを得れば，「簿記原理」の raison d'être は十分にあるのである」[19] と述べ，「「簿記原理」は簿記を理論的に説明することを目的として書いたものである。而して夫れは Schär の学説に拠ったものである。即ち物的二勘定系統説，殊に資本方程式に基く二勘定系統説に拠りたるものである」[20] と続けている。

　「シェアーの最も偉大な学問的業績は……著書「簿記および貸借対照表」に結実した物的二勘定系統説の完成である」[21] とされる *Buchhaltung und Bilanz* は 1925 年（大正 14 年）に林良吉による訳書『会計及び貸借対照表』が上梓されている。「原著 Buchhaltung und Bilanz は往々簿記並びに貸借対照表と訳して居りますが」[22]，その内容に鑑みて「会計及び貸借対照表と訳して見ました」[23] と訳者が述べている同書は 1914 年刊の「第 2 版

19　上野『簿記原理』「序言」2 頁。

20　同上，「序言」2〜3 頁。

21　安平昭二『簿記理論研究序説──スイス系学説を中心として』1979 年，5〜6 頁。

22　ヨハン・フリードリッヒ・シェヤー／林良吉（訳）『会計及び貸借対照表』1925 年，「序文」5 頁。

23　同上，「序文」5 頁。

をもって実質的初版というべき」[24] とされる *Buchhaltung und Bilanz* の第4版（1921年）および第5版（1922年）を訳したものであり，訳者いわく，「先年米国加州大学教授ハットフィールド博士の Modern Accounting を読むで其代数学的説明法を甚だ面白く思って之を教科に応用して見た所，誠に好結果を得たのでありました。然るに同書の序文には独乙のシェヤー博士に負う所が甚だ多い旨を明記してありますから，何とかしてそれを読んでみたいと思ふて……精読の一方法として翻訳に取掛りました」[25]。

物的二勘定説は F. ヒューグリ（F. Hügli）[26] によって樹立され，シェアーによって完成されたことから「ヒューグリ・シェアー学説」とも称されるが，この「物的二勘定説」という呼称の「物的」はそれ以前の，勘定の擬人化をもって複式簿記を説明する「人的」勘定学説と対比されるものであって，また，「二勘定」は，物的二勘定説はこれが「純財産学説」とも称されるように，［資産 − 負債 ＝ 資本］という資本等式にもとづき，この左辺に対応する在高勘定と右辺に対応する資本勘定の相対立する二勘定をもって資本の循環を捉えることをもって複式簿記はこれが行われるとする意味であり，これをもって純財産学説の完成とされている[27] ものの，ただし，シェアー学説の泰斗[28]，安平昭二は次のように述べている。

24　安平『簿記理論研究序説』5頁。

25　シェヤー／林（訳）『会計及び貸借対照表』「序文」2～3頁。

26　1833～1902年。スイスのベルン州の会計官吏を長く務めた（安平『簿記理論研究序説』2頁）。

「しかし，そこには，複式簿記機構の説明原理たる勘定理論
としては，なお多くの問題が残されていることは否定できな
い。したがって，シェアー学説の批判的論議をもとにして多
くの新しい勘定学説が提唱されることになる。まさに，勘定
学説史上におけるシェアー学説の意義は，それが純財産学説
の完成であるとともに，その後の活発な勘定理論研究の進展
に対する基礎となったということにある」[29]。

　『会計及び貸借対照表』の訳者いわく，「二勘定説の是非につい
ては議論があります。又独逸に於ても二勘定説其物の内に種々論
争もありますが，それは今茲には述べませぬ」[30]。

太田哲三の動態論　　1913 年（大正 2 年）に東京高等商業学校専
攻部を卒業，いくつかの教職を経て，1923
年（大正 12 年）に東京商科大学予科教授に任じられ，1929 年
（昭和 4 年）に東京商科大学教授に就いた[31] 太田哲三は「数々の
創意にみちた論文を通じて，動的会計理論を提唱され……それは
シュマーレンバッハの動態論がわが国に紹介されるはるか以前で

27　同上，3〜4，6〜7 頁。
　　安平昭二『簿記・会計学の基礎——シェアーの簿記・会計学を尋
　ねて』1986 年，第 2 章。
28　同上，ⅱ頁。
29　安平『簿記理論研究序説』7 頁。
30　シェアー／林（訳）『会計及び貸借対照表』「序文」5 頁。
31　日本会計学会（編）『財務諸表論』「太田哲三先生略歴」3 頁。

あって，明かに太田先生の創造力の所産である」[32] とされ，あるいは「太田哲三教授の費用動態論は，大正 11 年（1922 年）に出現したものであるが……シュマーレンバッハがディナミッシェという言葉を最初に用いたのは，1919 年……であるから，驚嘆に値する」[33] とされ，動態論の代表的先駆者と目されており，太田本人も彼の学説は「こ（そ）の当時から独逸にも米国にも澎湃として起った動態論的思潮と通ずるところがあり，通説に対する先駆者の如くにも伝えられた」[34] と述懐しているが，そうした太田は，ただし，まずは第 3 世代の下野と併せて取り上げられる。「太田会計学は，それが継承した下野会計学を無視しては考えられない」[35] からである。

　すなわち，第 1 世代において既に取り上げられた下野はここに，第 3 世代の下野，として改めて取り上げられる。

　「太田哲三教授の費用動態論は……動態論の透明性において，下野直太郎教授とは比較にならないものである」[36] とはされるものの，「わが国の動態論の扉は下野直太郎教授の現金結末表説によって開かれたといっても過言ではない。わが国動態論形成史の上では，下野理論は先遣隊であり，太田会計学は本隊」[37] とされる。

32　同上，「序」2 頁。

33　高木『日本動態論形成史』205 頁。

34　太田哲三『会計学の 40 年』1956 年，248 頁（ないし太田哲三『近代会計側面誌──会計学の 60 年』1968 年，227 頁）。

35　黒澤『日本会計制度発展史』186 頁。

36　高木『日本動態論形成史』205 頁。

37　同上，205 頁。

下野の学説については前章も些かフライング的に既に言及してしまったが，その学説史上の存在意義は黒澤によって次のようにまとめられている。

「下野会計思想の本質は，財産概念および資本概念の否定に根ざしている。……彼は，期間費用配分の原則（したがって減価償却および棚卸資産原価配分）を否定する。……要するに彼にとって会計の本体は，金銭であって……そこで，会計とは，金銭の収支顛末に関する経営管理者の責任を出資者（および債権者）に対して明らかにすることであって，企業が所有する財産の価値を評価することではない。……下野会計学の貢献は……伝統的会計思想（すなわち静態論的会計理論）を徹底的に批判した点にある。これによって伝統的会計学は，その歴史的使命をすでに終わり，動態論的な会計理論にパラダイム・シフトしなければならないことを思い知らされた観があったけれども，同時に下野説における自らの論理は，下野会計学にとって，その矛盾を露呈するというもろ刃の剣となった」[38]。

かくして「太田会計学は，下野会計学によって創始された動態論的会計思想を承継したが，それと同時に，下野説にふくまれていた矛盾を解決しなければならないことになった」[39]。

---

[38] 黒澤『日本会計制度発展史』186 頁（（　）書きは原文）。

[39] 同上，186 頁。

そうした「太田会計学は，下野会計学の動的会計思考を相続しながら，下野会計学が否定したところの資産，負債，資本，費用，収益，費用配分の原理，減価償却，原価計算，資金会計等の基本概念をひとつずつとり上げて，これらを会計理論的に復活し，それらに新しい操作的意味を与え，経験科学的な原則の確立を試み……下野説によりひとたびは否定されたものが，復活することによって，太田会計学は，静的会計論を批判し排除する代わりに，ある点では，会計実務の活性化をはかる上で有用であると考えられる限りにおいて，それと妥協したのである。こうして，すでに吉田良三によってわが国に導入されたハットフィールド会計学（すなわち古典的会計学）の伝統と，動的会計思想の折衷主義的な調和がはかられるにいたった」[40]。

ドイツ系の会計制度
──商法

（第2章および第3章は明治期を扱ったものの，文脈の都合上，明治の商法はこれに言及することができなかった。）

明治10年代に始まったのは近代立法運動だった。政府は（憲法および）商法の草案の作成をもってドイツの法学者カール・フリードリヒ・ヘルマン・ロエスラー（Karl Friedrich Hermann Roesler）に委嘱（民法の草案の作成はフランスの法学者ギュスターヴ・エミール・ボアソナード・ド・フォンタラビー（Gustave Émile Boissonade de Fontarabie）に委嘱），ロエスラーは1883年（明治16年）に商法の草案を完成，これにもとづいて制定をみたのが

---

[40] 同上，189頁（（　）書きは原文）。

1890年（明治23年）の商法（旧商法）だった。草案の作成に際してロエスラーは主として独仏の商法を参考にしており，1890年の商法は独仏両国の商法の性格を併せもっていたが，少なくとも商業帳簿規定についてはドイツ法的な性格が色濃いものだった[41]。

「英米の複式簿記を基調とする会計実務に，ドイツ商法の財産目録を基調とする会計制度を持ち込むことになった明治23年商法は，実際には，明治26年（1893年）にその一部が施行されただけであ」[42]り，「商法が，現行商法と同じ体系をもって完成し，完全に施行されるにいたったのは，ようやく明治32年のことであった」[43]。したがって，「実質的には，明治32年商法が，わが国の最初の商法典であった」[44]ともされようが，いずれにしても，これらの商法にあっては，複式簿記にもとづき，誘導法をもって財務諸表を作成する，という英米系の行き方ではなく，財産目録にもとづいて貸借対照表を作成し，また，財産の評価は時価をもって行う，という行き方が採られていた[45]。

---

[41]　安藤英義『商法会計制度論──商法会計制度の系統的及び歴史的研究』1985年，34頁。

　　黒澤『日本会計制度発展史』166〜167頁。

　　万代勝信「ドイツ会計思考の導入」小林健吾（編著）『日本会計制度成立史』1994年，63頁。

[42]　同上，66頁。

[43]　黒澤『日本会計制度発展史』168頁。

[44]　同上，168頁。

[45]　同上，170〜171頁。

　　万代「ドイツ会計思考の導入」68頁。

第4章 会計学の発展と財務諸表準則の意義 *105*

　第26条　動産，不動産，債権，債務其他の財産の総目録及
　ひ貸方借方の対照表は商人の開業の時又は会社の設立登記
　の時及ひ毎年一回一定の時期に於て之を作り特に設けたる
　帳簿に之を記載することを要す
　　財産目録には動産，不動産，債権，債務其他の財産に其目
　録調整の時に於ける価格を附することを要す[46]

会計制度の展開　　黒澤は「1920 年代以後の現代会計制度史の
　　　　　　　　　　時代区分」[47] をもって**表 4-2**[48] のように示し

表 4-2　現代会計制度史の時代区分

第1	大正中期〜	「財務諸表準則時代」	「その萌芽は，大正の半ば頃にはじまり，昭和9年に……「財務諸表準則」が公表された時点で頂点に達し，昭和12 年に「製造原価計算準則」が公表された時点で……いっそう洗練されるにいたった」[49]
第2	1937 年 （昭和12 年）〜	「原価計算準則時代」	「発端は，すでに財務諸表準則時代に見い出されるが，昭和12 年に……「製造原価計算準則」の公表の時点で，明確なものとして歴史的に出現した」[50]
第3	1949 年 （昭和24 年）〜	「企業会計原則時代」	「昭和24 年に……公表された「企業会計原則」……を起点として，今日にいたる新しい会計パラダイム変革の期間を意味する」[51]

46　商法（明治 32 年法律第 48 号）。

ている。

あるいは片野一郎は表4-3[52]のように「日本の企業会計制度の歴史は，とくにこれを財務諸表制度を中心としてみるとき……四つの発展段階に大別することができる」としている。

以上の表4-1，表4-2，表4-3を一つにまとめると表4-4のようになる。

ただし，この表4-4には「企業会計原則設定運動期」と称される時代区分が追加されている。

第2章に述べられたように，明治維新については「歴史における連続と断絶」の問題があったが，これは第2次世界大戦の前後についても同様であって，そこには「戦前と戦後の継承と断絶」[53]の問題が存在し，千葉準一によれば，「戦前と戦後の継承性」[54]をもって考える場合には「日本会計制度史において『商工省準則』（未定稿，昭和6年，確定稿，昭和9年）から戦後の『企業会計原則』（昭和24年）までを「企業会計原則設定運動期」として

47　黒澤『日本会計制度発展史』190頁。

48　同上，190〜191頁。
　　ただし，作表は筆者。

49　同上，190頁。

50　同上，191頁。

51　同上，191頁。

52　片野一郎『日本財務諸表制度の展開』1968年，「序」1〜2頁。
　　ただし，作表は筆者。

53　千葉準一『日本近代会計制度——企業会計体制の変遷』1998年，13頁。

54　同上，25頁。

第4章　会計学の発展と財務諸表準則の意義　*107*

表4-3　企業会計制度の発展段階

第1期	1873年～	「草創時代」	「明治6年……第一国立銀行が開設されたのにともなって導入されたアングロ・アメリカン系の……会計方式が，明治23年商法の創制によって導入されたジャーマン・フランコ系の会計方式と手を結んで新しい段階を迎えることになるまで」[55]
第2期	1893年 (明治26年)～	「企業会計の恣意的成長時代」	「明治26年商法が実施されたことにより……明治初年以来……政府の保護および統制をうけて育ってきた民間企業が……その自立体制を法によって確立され……自主的成長の歩みを踏みだすとともに……新たに登場してきた[56]
第3期	1934年～	「財務諸表準則の時代」	「昭和9年……財務諸表準則が制定され……企業会計実務が急速に合理化され制度化されつつ，第2次世界大戦終了を迎えるまで」[57]
第4期	1945年 (昭和20年)～		「第2次世界大戦後……昭和25年の……企業会計原則を中核とする当期業績主義ならびに経理公開主義を指導原理として，その社会制度化を……推し進めて今日にいたっている」[58]

55　同上，「序」1頁。

56　同上，「序」1頁。

表4-4　明治～昭和会計史の時代区分

会計学の歴史的発展段階	現代会計制度史の時代区分	企業会計制度の発展段階	「戦前と戦後の継承性」の時代区分
明治6年～「明治簿記史時代」		明治6年～「草創時代」	
明治末期～「静態的会計思考」の時代	大正中期～「財務諸表準則時代」	明治26年～「企業会計の恣意的成長時代」	
大正末期～昭和初期「動態的会計思考の台頭の時代」「財務諸表準則時代」	昭和12年～「原価計算準則時代」	昭和9年～「財務諸表準則の時代」	昭和6年～昭和24年「企業会計原則設定運動期」
第2次世界大戦後「企業会計原則時代」	昭和24年～「企業会計原則時代」	昭和20年～	

措定する」[59]こととなり，ここにおける「戦前」に該る財務諸表準則（千葉の表記は『商工省準則』）はこれが次項に扱われる。

57　同上，「序」1～2頁。

58　同上，「序」2頁。

59　同上，25頁（（　）書きは原文）。

財務諸表準則　　　　　　　商工省の臨時産業合理局の財務管理委員会（委員には吉田，太田，東奭五郎等が名を列ねていた）によって作成され，1934 年に成立をみた財務諸表準則は「わが国最初の明文化された会計原則」[60] だった。

　「近代以降の日本における制度会計は……「戦前はドイツ，戦後はアメリカ」の影響の下で形成されたと」[61] する通説を疑問視する千葉によれば，国立銀行を首めとする明治前期の「主要先行会社における英国流の会計報告実践とその後（明治 23 年，32 年以降）の独仏流の『商法』会計制度との乖離を調整するために登場」[62] をみたこの財務諸表準則はその「形成に至る過程の中で，単にドイツのみならず英国，米国，仏国等々，さまざまな諸外国の会計制度の独自の摂取の過程が存在した」[63] ことに留意され，いずれにしても，近代会計制度は「1873 年以降，主要先行株式会社における英国型財務会計報告実践の導入から出発」[64] した一方，「当時の不平等条約を撤廃すべく欧米型法制を形成するため，お雇い外国人 H. ロエスラーを中心に商法計算規定が，実務を充分に意識しないまま形成され……1890 年の原始商法，1899 年商法では，主要先行会社の実務では想像も出来ない財産目録や時価

60　同上，12 頁。

61　同上，9 頁。

62　同上，12 頁（（　）書きは原文）。

63　同上，12 頁。

64　千葉準一「日本の会計基準と企業会計体制」千葉準一，中野常男（責任編集）『体系現代会計学［第 9 巻］　会計と会計学の歴史』2012 年，452 頁。

評価規定が導入され，そこでは実務と法制との乖離の構造が形成されたのである」[65]。

　あるいは片野によれば，「明治5年の「国立銀行条例」をもとにして発足した株式会社国立銀行の会計制度は……イギリス系統の株式会社会計制度を範として創設され，かつ，成長したものであった。そこへ，明治23年商法が制定されて，大陸系の商業帳簿規定および会社計算規定が導入され……日本の銀行業会計制度はイギリス系の株式会社会計体系に基礎をおく既存の銀行経理方式と新しく導入される大陸系の株式会社会計体系とをどう調整するか，という緊要課題に当面するにいた」[66]り，しかも，「商法の創制によって起こってきた……問題は，ひとり銀行業ばかりでなくひろく一般株式会社について生じてきた重要課題であった」[67]とされる。

　財務諸表準則はその序において以下のように述べている。

　　「決算に際して作成せらるる貸借対照表，財産目録及損益計
　　算書は，事業会計を総合集成したる結果を示すものにして，
　　事業の経営状況を考究批判するに欠くべからざる資料なり。
　　……此等の財務諸表を真率明瞭に作成することの啻に私経済
　　上のみならず，国民経済上亦忽諸に付すべからざる所以なり。
　　……貸借対照表の様式は，英吉利，独逸等に於ては，之を法

65　同上，452頁。
66　片野『日本財務諸表制度の展開』97頁。
67　同上，99頁。

第4章　会計学の発展と財務諸表準則の意義　*111*

規に依り一定す。我国の現情を以てしては，将来はとに角と
して，直に本準則及雛形に準拠すべきことを法規に依り強制
することは，是非の論議を免れず。然れども苟も公正に事業
し，其の健実なる発展を計らんとする者は，自ら進んで之に
準拠することに何等遅疑すべき理由を発見せざるべきを信
ず」[68]。

　最後の「我国の現情を以てしては……を信ず」の件は「この準
則が法の規制と会社の会計実践との調整を目ざしたものであるこ
とを，よく説明している」[69] とする片野は，ただし，「純損益処
分計算は損益計算書の外なりと雖も，便宜上附属雛形の一部とし
てその様式を示す」[70] とするこの準則においては期間損益計算と
純損益処分計算の峻別が「すこぶるなまぬるい不徹底なもので
あった」[71] ことを問題視し，また，「「引当金」という会計概念を
確立したこと」[72] をもってこの準則の特色の一つに挙げつつも，
「いったん設定した引当金を使用する場合の会計処理について，
後世に問題をのこす」[73] 点があったことを指摘しているが，他方，
黒澤は「純損益処分計算は，損益計算書の構成部分ではないけれ
ども，「財務諸表準則」においては，損益計算書に関連する重要

68　商工省臨時産業合理局，財務諸表準則，1934 年，序。

69　片野『日本財務諸表制度の展開』149 頁。

70　商工省臨時産業合理局，財務諸表準則，「損益計算書」第一の五。

71　片野『日本財務諸表制度の展開』155 頁。

72　同上，157 頁。

73　同上，159～160 頁。

な区分であるとして，念のため」[74]「追加的にかかげている」[75]
とするに止め，また，「準則が引当勘定の概念をはじめて採用し
たことは，その大きなメリットとしてあげることができる」[76] と
しており，「引当金概念の発展は，近代会計学の進歩の一つのシ
ンボルをなすといっても過言ではない。準則の引当勘定は不十分
であるとはいえ，その萌芽をなすものとして評価してもよいであ
ろう」[77] とする黒澤は，しかし，この準則における「引当勘定の
解釈は甚だ不備であること」[78] はこれをやはり指摘し，「まだ洗
練を欠く会計概念にすぎなかったというべきである」[79] としてい
る。

　財務諸表準則の序はまた，以下のように述べている。

　　「銀行，保険，電気，鉄道等の諸事業に付ては，各特別法規
　　中に其の準則及雛形を定むるも，一般の事業に付ては此の種
　　の拠るべき基準なきが故に，世上行はるる此等の財務諸表は，
　　千種万態其の帰一する所を知らず，或は簡略粗笨に失し，或
　　は糊塗粉飾に流れ，其の内容の真相を把握することを得ざる
　　底のもの少からず。……先づ此等の財務諸表に拠るべき基準

74　黒澤『日本会計制度発展史』256 頁。
75　同上，249 頁。
76　同上，233 頁。
77　同上，239 頁。
78　同上，238 頁。
79　同上，239 頁。

を与ふる目的を以て，其の形式を整頓し，科目分類法を合理
化し，科目名を単一ならしむる方針の下に之が準則及雛形の
制定に着手し……」[80]。

　千葉によれば，「ここで一見して明らかなように，『商工省準
則』は「産業会計の合理化」，とりわけ「財務諸表の標準化」を
目標として作成されたものであった」[81] が，「しかしながら，ま
た同時に，こうした「財務諸表の標準化」という営為は，企業会
計に関する「内的」な問題としては……それまでの「商法会計」
と「慣行的な報告会計実践」との調整機能を果たすものとして遂
行されざるをえなかったのである」[82]。

　しかしながら，いずれにしても，「現代会計制度史の前段階に
おいて一つの大きな頂点を形づくるもの」[83] とも，あるいは「日
本近代会計制度史の発展過程における最初の大きな成果」[84] とも
されるこの準則は「企業の会計実務および会計教育の上にもすく
なからぬ影響を与えた点で，そのパラダイム効果を高く評価しな
ければならない」[85] とされる。
　「ほとんどすべての会計学に関する教科書は，「財務諸表準則」

80　商工省臨時産業合理局，財務諸表準則，序。

81　千葉『日本近代会計制度』27 頁。

82　同上，27 頁。

83　黒澤『日本会計制度発展史』221 頁。

84　同上，258 頁。

85　同上，258 頁。

をうけいれて書き改められ……わが国の会計専門家集団は，「財務諸表準則」およびそれから派生した一連の会計諸規範を，会計学上のパラダイムとしてうけいれた」[86] のだった。

しかしながら，そうしたパラダイムの成立に至るプロセスは些か込み入っていた。

「明治以後の日本報告会計制度の「近代化過程」は，まず英国流企業会計実務が導入され，やがてそれらが独仏流の『商法』会計実務との間に軋轢を産み，その両者を調整する目的で，『商工省準則』が形成されていったとされている」[87] が，ただし，日本における会計制度は，欧米におけるそれとは異なり，「企業の会計実践が個別的に累積され，そこから各企業（商家）ごとの秘伝的な「会計実践」を超える社会的な規模での「慣習的会計ルール」（広義の会計原則）が形成された後に，それらの一部またはすべてが法制化されるという過程を経たものでは必ずしもなかった」[88]。
「日本の場合には，明治初期における主要先行株式会社の英国流の「会計実務」を中心とした雑多な「会計実践」と独仏流の企業会計の「法制化」が，おのおのの次元の思惑によってお互いの充分な関連性を意識されることなしにまずそれぞれ導入・実施され，あくまでもその後にそれらの異なった構造を有している二つ

---

86 同上，223〜224 頁。

87 千葉『日本近代会計制度』25 頁。

88 同上，25〜26 頁（（ ）書きは原文）。

の次元を調整するために「会計原則」が登場し……またさらに会計理論や会計教科書の次元では，明治期より西欧の文献は無論のこと，かなりの米国会計学の文献が導入・紹介され……したがって，こうした世界に類をみない極めて多元的な外国の知識体系の導入の結果，日本的様式において，それらがいかに定着したのかの度合いが，まさしくこの『商工省準則』の形成と展開の中で試されることになったのである」[89]。

「商工省準則は，1929 年の米国の財務諸表の検証，1928/1929 年の英国会社法，1931 年のドイツ株式法の規定を充分にとりいれた国際的なものであり，今日的にみれば，英米法と大陸法の計算規定とを調整した先駆的な準則であった」[90] が，「結局，法制化されることなく，啓蒙的な役割を果たすことに留まった。1937 年以降，日本は日中全面戦争に突入し，本格的な戦時統制経済期に入っていったからである」[91]。

会計学発展史における財務諸表準則の意義

黒澤はまた，会計学発展史をもって「パラダイム」概念を用いて表 4-5[92] のように整理している。

「大正 6 年 3 月，日本会計学会の創立とともに，前パラダイム期は，会計後史の新しい時代に入った。日本会計学会は，下野直

---

89 同上，26 頁。
90 千葉「日本の会計基準と企業会計体制」454 頁。
91 同上，455 頁。

表4-5　パラダイム観による会計学発展史

1873年～前パラダイム期	会計前史		「福沢諭吉とともにはじまる日本の企業会計は，商法……によって，法的基礎を与えられ……前パラダイム期の会計前史は，ここにおいて一段落をつくることになったのであるが，これより後……長い停滞の時期におちいるにいたった」[93]
	会計後史	1917年（大正6年）～日本会計学会設立以降	「日本会計学会の創立は……会計前史以来の惰性に多少とも，転機を与えようとする試みとして解釈してもよいであろう」[94]
1934年～パラダイム形成期	財務諸表準則成立以降		「財務諸表準則は，財務諸表に関する会計学的規範命題集合の機能をもつパラダイム効果を発揮した」[95]
1949年～パラダイム期	企業会計原則成立以降		

太郎，東奭五郎，吉田良三，中村茂男，水島鉄也，各務鎌吉等の発起によって創立された研究団体であるが，会計学者集団のみから成るものではなくて……会社の経理専門家，経営責任者等をも会員に加え，会計学の研究のほか，経験交換・相互啓発を目的とする組織として出発」[96]，「当時約1,000名の会員を擁していたも

92　黒澤清「企業会計の発展と日本会計研究学会の役割」『會計』第110巻第2号，1976年，1～12頁。

　　黒澤『日本会計学発展史序説』47～136頁。

　　ただし，作表は筆者。

93　黒澤「企業会計の発展と日本会計研究学会の役割」7頁。

94　同上，8～9頁。

95　同上，11頁。

96　黒澤『日本会計学発展史序説』53頁。

のの……大学や高等専門学校に所属する会計学研究者は 90 名ほどに過ぎ」[97] ず,「その主要な目的の一つは,プロフェッションとしての会計業務(すなわち職業的会計士)を開発することであった」[98]。

「1930 年代に,会計後史に一転機がもたらされ」[99] た。「その一転機というのは,日本会計学会に所属する会計学者集団の代表者たち(吉田良三,太田哲三,東奭五郎等)が……商工省財務管理委員会に参加し,財務諸表準則の制定運動を開始したことである」[100]。

「財務諸表準則の基本構想は,当時のほとんどすべての会計学教科書によって採用され……財務諸表準則は,パラダイム効果を十分に達成し」[101],「そのパラダイム効果を通じて,前時代の単なる輸入会計学の性格をしだいに克服する可能性が開かれ……日本会計研究学会の創設は,このような歴史的背景のもとに企てられたのであった」[102]。

「準則が,実践パラダイムとなり得たのは……かかる実践パラ

---

97 日本会計研究学会 50 年史編集委員会(編)『日本会計研究学会 50 年史』1987 年,1 頁。

98 黒澤「企業会計の発展と日本会計研究学会の役割」9 頁(( )書きは原文)。

99 同上,10 頁。

100 同上,10 頁(( )書きは原文)。

101 黒澤『日本会計学発展史序説』99 頁。

102 同上,101 頁。

ダイムが，会計学者集団にとって，研究作業上の準拠枠（frame of reference）としての効果をもったからである……。それ以前には，実在しなかった会計学者集団が，日本会計研究学会の創立によって，出現した事実こそ重視しなければならない」[103]。

　「日本会計研究学会は，昭和12年（1937年）12月24日に設立され……発起人は，吉田良三，太田哲三，三邊金蔵，岡田誠一，渡部義雄，長谷川安兵衛，村瀬玄，黒澤清の8氏で……学会代表は吉田良三氏であった」[104]。

　「財務諸表準則は，財務諸表に関する会計学的規範命題集合の機能をもつパラダイム効果を発揮した。……わが国の会計学者集団が，みずからの思索と経験にもとづいて創造した最初の作品であった。この作品が成るとともに，わが会計学界は……パラダイム形成期に入りこむことができ……財務諸表準則の作成に参加した会計学者集団の代表者たちが，発起人となって……日本会計研究学会が創設され……はじめて日本の会計学者集団，すなわち財務諸表準則を中心とする一連の実践パラダイムを，準拠枠とする学者のコミュニティーが成立したのであった。……会計学者集団は，日本会計研究学会に結集することによって，1948年代に，企業会計原則を生み出すにいたるのである」[105]。

103　黒澤「企業会計の発展と日本会計研究学会の役割」3頁（（　）書きは原文）。

104　日本会計研究学会50年史編集委員会（編）『日本会計研究学会50年史』1頁（（　）書きは原文）。

105　黒澤「企業会計の発展と日本会計研究学会の役割」11〜12頁。

第5章　会計プロフェッションの黎明

　日本における会計プロフェッションについてその成立前夜に至るまでの，すなわち昭和初期，計理士法の制定に至るまでの状況をもって辿る。

**大坪文次郎,
森田熊太郎,
東奭五郎**
　日本における会計プロフェッションの先駆者，いや，会計プロフェッションの成立前史の主な登場人物としては大坪文次郎，森田熊太郎，東奭五郎の名が挙げられよう。

　日本における会計事務所の嚆矢は 1890 年（明治 23 年）に大坪が開設した東京計算局だった[1]。

　福澤諭吉と同様，中津藩士の家に生を享けた大坪は「慶應義塾に入ってはいないが，幼時から先生（福澤）に私淑し終生その庇護に浴した」[2]とされ，神戸商業講習所に学んだ彼はのちに母校の教壇に立って簿記を講じたが，1884 年（明治 17 年）に横浜正

1　加藤和男『近代職業会計人史』1973 年，4 頁。

2　西川孝治郎「大坪文次郎のこと──福澤先生序「簿記活法」の著者」『三田評論』第 664 号，1967 年，86 頁。

金銀行に移って計算課主任に就き，1887年（明治20年）に『実地適用簿記活法』を上梓している。

この書は福澤が「序」を執筆し，「余が西洋の原書「ブックキーピング」を翻訳したるは明治6年日本開国以来初めての着手にして……」[3]と始まるこれは「大坪文次郎氏が編輯したる簿記活法は本来訳書に非ず。氏が数年の実地に得たる「ブックキーピング」の精神を将て日本商家の活用に供したるものにして，恰かも西洋の主義を咀嚼して腹中に蔵め，更に事実に逢ふて之を吐出するものに異ならず，西洋を体にして日本を衣にしたるものなり……簿記活法一度び世に出でてより，日本国中の商家始めて「ブックキーピング」の功徳を被るべきは余が敢て信じて疑わざる所なり」[4]と推奨している。

1889年（明治22年）に「銀行用を以て欧米諸国巡回の際も序ながら彼国の実地に就き多少の取調をなし……彼計務担当人即ち西洋に所謂「パブリックアッカウンタント」の如きも早晩我国に於て必要を感ずるに至るべしと思ひ帰朝した」[5]大坪は東京計算局を開設，「この事務所は，帳簿改良部と計務担当部を設け，会計の検査，立案，記帳整理，決算，紛争調停，財産調査その他の計算事務代行の業務を行ない，夜間は，商店等の会計従業者を集めて簿記教育を行った」[6]。

3　大坪文次郎『実地適用簿記活法』1887年，「序」1丁表。

4　同上，「序」1丁裏～2丁表。

5　日本公認会計士協会25年史編さん委員会（編）『公認会計士制度25年史』1975年，5頁。

6　加藤『近代職業会計人史』4頁。

第 5 章　会計プロフェッションの黎明　*121*

次は森田だった。

　高等商業学校に学び，同窓の東や第 3 章にみた下野直太郎と親交があった森田は「欧米に行はれて居る会計士の制を一日も早く我国に移さんことを希望して居た」[7]が，「まだ世間には会計士の性質を知って居る人が少ない，故に之れで専門の営業として経営するも，其維持は困難である故に，敢て斯業を営む者もあるまい」[8]と憂慮し，「終に決心して犠牲となり，明治 40 年（1907 年）の 5 月，此大阪に森田会計調査所なるものを設立し，公然看板を掲げて所謂アッカウンタントの業務を執ることとした」[9]。

　「森田会計調査所が明治 40 年に率先，否寧ろ早まり過ぎて斯業を創始して以来，6 年間の馬鹿らしき苦闘の俤を伝へたるものになった。併し其後当所の事業は次第に世人の知る所となり，終に大正 2 年（1913 年）10 月本部を東京に移し，大阪には出張所を開設して業務を拡張する様になった」[10]。そうした「森田会計調査所は依嘱に応じ会計に関する事項の調査，監査，整理，証明，和解，仲裁等の職務を執るもの」[11]だった。

　会計調査所を開くまえには大阪高等商業学校の教壇に立っていた森田には『商工実践会計法』（1909 年（明治 42 年））等の著書もあり，神戸高等商業学校の校長，水島銕也による『商工実践会計

7　日本公認会計士協会 25 年史編さん委員会（編）『公認会計士制度 25 年史』8 頁。

8　同上，8 頁。

9　同上，8 頁。

10　同上，9 頁。

11　同上，10 頁。

法』の「序」は次のように述べている。

「我が実業界の現状たる会社の破綻頻々として生じ，啻に其
の株主の損害たるのみならず，延いて一般実業界の信用をも
失墜せしむ嘆ずべきの至りなり。而して之が救済の策一にし
て足らずと雖監査役の改善，会計士の公認等に依りて会計を
整理することを以て最大急務となすこと世論の一致する所な
るが如し。……著者は東京高等商業学校の出身にして初実業
界に在りて会計の実務に就き，後大阪高等商業学校に入りて
教鞭を執られ，最近両 3 年は自ら会計調査所といふものを設
けて帳簿の検査改良其他会計整理等の業務に従事せらる。経
歴此の如く蘊蓄亦 随 て深遠なる氏にして今此の著述あり」[12]。

　また，森田の「自序」いわく，「今日の簿記学は世人が称する
如く完全なる会計の学にあらざるなり，時代は将に来るべき会計
学を要求す，是れ此書を公にし世人に質さんとする所以なり」[13]。

　東の開業の挨拶状は以下のように述べている。

「私儀今般神戸高等商業学校教授の職を辞し……『東奭五郎
会計人事務所』なる名称の下に英国に於ける国王特許会計士
（Chartered Accountant, C. A.）及商務院認可会計士（Incorporated

12　森田熊太郎『商工実践会計法』1909 年，「序」1～2 頁。
13　同上，「自序」1 頁。

Accountant, I. A. A.）並びに米国に於ける州法免許会計士
（Certified Public Accountant, C. P. A.）の制に其の範を採り，我
国に於て新たに会計士の職務を開始する事といたし候」[14]。

この東は，日本における先導的な会計士，として，あるいは，
日本会計学会の発起人の一人，として第3章および第4章に既出
だが，東京商業学校に学び，1898年（明治31年）に母校（ただし，
高等商業学校）の教授に就き，また，1903年（明治36年）には神
戸高等商業学校の教授に就いた[15]「東先生について特記すべきは
大正5年（1916年）神戸高商の教職を退き会計士業を開始された
ことである。我国の会計士業務は，このとき既に先鞭をつけたる
ものありと雖も，実質的には先生の開業を以て嚆矢とするを得べ
く，而して今日我国最大の計理士業者として斯界に重きをなせる
ことは広く世に知れ亘っている通りである」[16]とは第3章に既出
の吉田良三の言だった。

日本初の会計士団体は東がこれを代表していた。
1920年（大正9年）に森田と東を含む5名の会計士を発起人と
して会計士懇話会という会がまずは設けられ，この会における協
議はやがて協会設立の提案に結実，1921年（大正10年）に設立

14　日本公認会計士協会25年史編さん委員会（編）『公認会計士制度
　　25年史』45頁（（　）書きは原文）。
15　日本会計学会（編）『東奭五郎先生，下野直太郎先生古稀記念論
　　文集［第1巻］　会計理論』1935年，「東奭五郎先生略歴」1頁。
16　同上，「序言」1〜2頁。

をみた日本会計士会は日本初の会計士団体[17]にして20名の会員を有し，翌1922年（大正11年）には社団法人の認可を受け，初代の理事長に就いたのは東だった。「東先生は……相当厳格と思われる試験制度を以て入会員を定めることにした。恐らくは英国風の会計士の育成を企てたものであろう」[18,19]。この会計士会は1927年（昭和2年）の計理士法の制定の成立を受けて翌1928年（昭和3年）には日本計理士会となり，これまた理事長は東だった[20]。

　また，東には多くの著書があり，とりわけ『商業会計』は「わが国最初の会計学著書」[21]ともされており，第3章に述べられたように，『会計学』と題した書の嚆矢は1910年（明治43年）に刊行された吉田の『会計学』だったが，東の『商業会計』はその第

────────────────

17　ただし，太田哲三によれば，「職業会計人の団体はそれ以前からもあった」（太田哲三『会計学の40年』1956年，86頁（ないし太田哲三『近代会計側面誌──会計学の60年』1968年，80頁））。

18　太田『会計学の40年』86頁（ないし太田『近代会計側面誌』80頁））。

19　「けれども余りに会員を厳選したためか盛大にはならなかったようである」（太田『会計学の40年』86頁（ないし太田『近代会計側面誌』80頁））。

20　加藤『近代職業会計人史』5頁。
　　日本会計学会（編）『会計理論』「東奭五郎先生略歴」1頁。
　　日本公認会計士協会25年史編さん委員会（編）『公認会計士制度25年史』51～55頁。

21　新井益太郎「東奭五郎」黒澤清（編集代表）『会計学辞典』1982年，726頁。

第 5 章　会計プロフェッションの黎明　*125*

一輯が 1908 年（明治 41 年）に刊行され，「E. Garcke & J. M. Fells'
Factory Accounts; L. R. Dicksee's Advanced Accounting; Do.
Goodwill & Its Treatment in Account; G. Lisle's Accounting in
Theory & Practice; F. Brocaker's The American Accountants'
Manual; E. H. Beach and W. W. Thorne's The Science & Practice of
Auditing; W. C. Eddis and W. B. Tindall's Manufactures' Accounts;
H. L. C. Hall's Manufacturing Cost; R. Brown's History of
Accounting & Accountants 等の諸書……を引用敷衍し，若くは時
に浅薄なる自説と所信とを加味配剤して」[22] まとめたこの書の
「緒言」は趣意をもって以下のように述べている。

> 「著者は本書を商業簿記と題せずして特に商業会計と称す。
> 蓋し著者僭越の罪は免る能はざるべし。然りと雖も，本書は
> 普通の簿記書と異り，帳簿記録の方法は一切之を説かず。そ
> の主趣は，専ら商業簿記全体に関する，所謂彼の根本的諸問
> 題の解決講究を試んことを期したるにあり」[23]。

　ただしまた，1914 年（大正 3 年）に上梓された『商業会計　第
二輯』は「今を距ること 5 ヶ年前明治 41 年 4 月を以て著者は
『商業会計』と題して杜撰極まる一書を上梓せり」[24] と始まり，

22　東奭五郎『商業会計』1908 年，「緒言」4 頁。
23　同上，「緒言」5〜6 頁。
24　東奭五郎『商業会計　第二輯』1914 年，「緒言」1 頁。
　　なお，「5 ヶ年前」とされているのはこの「緒言」はこれが 1913
　年（大正 2 年）に書かれているため。

次のように続けている。

「当時その題名の全く新案なるに起因して著者僭越の罪の免れざるべきを慮りて同書の緒言に弁疏して曰く『本書は普通の簿記書と異り帳簿記録の方法は一切之を説かず。その主趣は専ら商業簿記全体に関する所謂彼の根本的諸問題の解決講究を試みんことを期したるにあり云々』と。而して茲に云ふ根本的諸問題の注釈として同緒言に又曰く『帳簿記録の要素たる毎取引の起るに随ひ之を記録するに当りて予め先づ決すべきは該取引の如何に損益に影響を及ぼすべきか，或は如何に資産負債の有様に変化を与ふべきかの判断にあり云々』と。却説一方英米諸外国なる簿記学界を観察せんに，蘇格蘭（スコットランド）にては今より約 60 年以前の往時にあれども，英蘭（イングランド）にては今より約 30 年以前に，而して米国にては今より僅々約 15 年以前に彼の『会計人』と称する専門的職務家の初めて起りて以来，同職務家の漸次に而かも最近には甚だ急速度を以て実業界に重要視せらるゝの隆運に進みたると同時に同職務家は従来の簿記法以外に又その以上に特別なる智識技能を必要と為し。是に於て簿記法とこれ等特種の学識とを綜合連結したる学科目は茲に『高等簿記』或は『会計学』なる新名称を冠して今や英米なる諸大学の専攻する一学科を為すに至れり」[25]。

---

25 同上，「緒言」1～2 頁。

立法への曲折　　1914 年（大正 3 年），第 31 回帝国議会に提出された会計監査士法案はこれが会計プロフェッション法制化の端緒だった。爾来，1925 年（大正 14 年）の第 50 回帝国議会への会計士法案の提出に至るまで，会計監査士法案ないし会計士法案は実に 9 度も提出されているが，しかし，いずれも両院通過には至らなかった[26]。

　しかし，機運は徐々に醸成されつつあった

　一つの切っ掛けは「日糖事件」と称される大日本精糖の不正事件だった。

　1896 年（明治 29 年）に設立された東京の日本精製糖が 1906 年（明治 39 年）に大阪の日本精糖と合併して誕生をみた大日本精糖は当時の日本の製糖業界にあって最大の会社にして独占的地歩を有し，高配当・高株価を誇っていたが，しかし，内実は運転資金の枯渇，他人資本の過大化，過剰な生産設備等の問題を抱えるに至っており，そうしたなか，この会社の経営陣は，あるいは製糖業者を保護する輸入原料砂糖戻税法（限時法）を延長させるべく，あるいは砂糖消費税の増徴を阻止すべく，贈賄に及ぶ政界工作に力を入れる一方，粉飾決算に手を染め，これらが発覚をみたのは 1909 年（明治 42 年）のことだった。辞任した経営陣および多くの政治家が検挙された[27]。

26　原征士『わが国職業的監査人制度発達史』1989 年，52〜53 頁。
　　加藤『近代職業会計人史』6〜8 頁。
　　日本公認会計士協会 25 年史編さん委員会（編）『公認会計士制度 25 年史』20〜44 頁。

商法学者の岡野敬次郎は翌1910年（明治43年）に次のように
述べている。

「近時我邦に於て大資本の株式会社が二三其の会計の紊乱を
極めたる醜状を暴露してより，或は株主の冷淡にして其の権
利の行使を忽にするを責め，或は監査役の無為無能にして其
の職守を重せず毫も監視の実績を挙げざるを咎め，遂に監査
制度の改革を提唱する者相踵て生じ，其の軟なる者は監査役
は株主中より之を選任するの制を改め株主に非ざる者より適
当の材を挙ぐるの途を啓くべしと論じ，其の硬なる者は
1900年（明治33年）の英国会社法の会計士Accountantsに
倣ひ公認の計算専門家を設け会社の計算書類を審査せしむべ
しと説くに至り，殊に会計士の設置に付ては今や官民共に制
度の可否を調査しつつありと聞く。未だ其の調査の結果を審
にせずと雖も監査制度の改革論は現下朝野の一問題たるの観
あり」[28]。

槍玉に挙げられたのは監査制度だった。商法は次のように定め
ていた。

---

[27]　原『わが国職業的監査人制度発達史』18〜19頁。
　　　日本公認会計士協会25年史編さん委員会（編）『公認会計士制度
　　25年史』11〜14頁。
[28]　岡野敬次郎「株式会社ノ監査制度ニ就テ」『法学協会雑誌』第28
　　巻第1号，1910年，36頁。

第164条　取締役は株主総会に於て株主中より之を選任す

第189条　第164条，第167条及ひ第179条の規定は監査役に之を準用す[29]

　監査役はこれを株主のなかから選任する，ということだった。「監査制度の改革を提唱する……軟なる者」，すなわち穏健派の改革論者は株主が監査を担うことを疑問視していた。「監査制度の改革を提唱する……硬なる者」，すなわち強硬派の改革論者はイギリスの1900年会社法を範とした会計士監査制度の導入を主張していた。

　ただし，イギリスの会社法はかつて株主であることをもって監査人[30]の要件としていた。法が意図していたのは株主監査人だった[31]。「それは，自分の財産にかかわる私的な動機をもつ株主こそが監査人に適任，と考えられていたからだった。すなわち，自分の財産にかかわることだから，一所懸命，真剣に監査をやるだろう，ということだった」[32]。

29　商法（明治32年法律第48号）。

30　イギリス会社法上の「auditor」はこれを「監査役」と訳すべきかについては議論があり，「「監査役」という言葉は会社の「機関」を表し，商法の監査役を会社機関とみる立場からは，機関概念がない英国会社法に監査役という訳を付すのは誤解を招きやすいと指摘される可能性がある」（山浦久司『英国株式会社会計制度論』1993年，526頁）ため，「監査人」とする。

31　友岡賛『会計プロフェッションの発展』2005年，32頁。

32　友岡賛『会計の歴史（改訂版）』2018年，217頁。

「こうした株主監査人は，しかしながら，そのほとんどが専門性を欠き，例えば……イギリス会計学の祖ともされる勅許会計士フランシス W. ピクスリー（Francis W. Pixley）によれば，「会計士がたまたま株主であるか，あるいはまた，監査人の資格を得るためにわざわざ株式を購入しない限り，株主たちはまったくのアマチュアを監査人に任命せざるをえなくなる」虞があった。……このように，私的な動機をもつ監査人と専門性をもつ監査人の間にはトレード‐オフの関係があった」[33]。

「やがて会社法は専門性をもつ監査人を選択するに至ったが，まずは消極的な選択にしか過ぎなかった。1856 年の株式会社法では，監査人は株主であることを要しない，とされ，また，1862 年の会社法においては，監査人は株主であってもよい，とされた」[34]。

「監査制度の改革を提唱する……硬なる者」，すなわち強硬派の改革論者はイギリスの 1900 年会社法を範とした会計士監査制度の導入を主張していたが，同法は会計士監査制度を定めていたわけではなかった。

「すべての会社に監査を強制したのは……1900 年の会社法だった」[35] し，「この 1900 年法によって任命された監査人はその大方が会計士だった」[36] が，ただし，同法は監査人に「会計士

33　同上，217〜218 頁（（　）書きおよび圏点は原文）。

34　同上，218 頁。

35　同上，227 頁。

36　同上，227 頁。

Accountants」であることを求めていたわけではなかった。

　「監査人の専門性が会社法上，積極的に求められるに至ったのは 1947 年のことだった。監査人を特定の会計士団体のメンバー（特定の会計士）等に限定したのは 1947 年の会社法だった」[37]。

　閑話休題。商法における監査制度を概説した岡野は，しかし，次のように続けている。

　　「然るに翻て実際の状況を観れば法律の監査役に期待する所一として行はれず，各種の会社に監査役としてその名を列する者年若干の報酬を得て空位を擁するに過ぎず。取締役の歓心を得るに非ざれば其の位地を占むるさへ覚束なく，縦令其の任に就くに迫でも一たび取締役の逆鱗に触るれば忽ちにして失墜せざる者稀なり。於是か監査役は常に取締役の鼻息を窺ひ其の頤使に甘じ迎合に後れざらむをこれ努むる者滔々とて皆然り。其の実務を観れば形式的に取締役の計算書類に「前記の通相違無之候也」と盲判を押すを以て能事終れりとし，其の実質を調査し若は進て過誤を指摘し失計を匡すは却て職務の範囲をこゆるものと思惟するが如し。会社営業の前途を慮り遠大の計を樹つるの得て望むべからざるは明白なり」[38]。

　監査役はこれを株主のなかから選任する，という株主監査人の

37　同上，218 頁（（　）書きは原文）。

38　岡野「株式会社ノ監査制度ニ就テ」38〜39 頁。

問題点は 1911 年（明治 44 年）の商法改正に至る議論の過程において俎上に載せられ，すなわち「監査役は株主中より之を選任するの制を改め株主に非ざる者より適当の材を挙ぐるの途」が検討され，そうした改正案には，将来，会計士（当時は「公許計算士」の名をもって検討されていた）の資格制度が設けられた場合，その有資格者が監査役に選任されうるようにしておきたい，という趣意があった[39]。

「しかしながら，この改正は衆議院で政府原案が否決せられ，また貴衆両院協議会においても，そのままその決議が変更されることなく，改正商法として施行されるに至らなかった」[40]。

「「日糖事件」……を機に株式会社監査制度の不備が叫ばれ……明治 44 年になされた商法改正にあたっては，「監査役制度」の改革が大きな論点とされたのであるが，この商法改正では監査役制度の根本的改革をみることなく，また「会計士制度」の移植がはかられることなく終わったのである」[41]。

相次ぐ法案提出　1914 年，第 31 回帝国議会に衆議院議員の石田仁太郎と高木益太郎[42] によって提出された以下のような会計監査士法案はこれが会計プロフェッション法制化の端緒だった。

39　原『わが国職業的監査人制度発達史』47〜48 頁。
40　同上，48 頁。
41　同上，51 頁。
42　加藤『近代職業会計人史』6 頁。

第1章　会計監査士の職務及資格

第1条　会計監査士は当事者の嘱託を受け又は官庁の命に依り左に掲ぐる職務を執行するものとす

1　会計事務の監査

2　損益計算表，貸借対照表，財産目録其他計算に関する書類の調査及証明

3　計算に関する争議の鑑定及仲裁

4　定款及企業目論見書の起草

5　会社の組織立案

6　会社の創立，合併及清算に関する事務執行の受託

7　株式及社債の発行登録並に名義書換に関する事務執行の受託

8　有価証券の所有者の為其証券に表示せらるる権利義務に関する事務執行の受託

9　統計に関する事務執行の受託

10　無能力者の財産相続財産及破産財団の管理

第2条　会計監査士たらむとする者は左に掲ぐる資格を具備することを要す

1　帝国臣民にして30歳以上の男子たること

2　会計監査士試験に合格したること

会計監査士試験に関する規定は農商務大臣之を定む

第3条　3箇年以上弁護士判検事又は財務に関する高等官なりし者は前条第2号の資格を要せずして会計監査士たることを得

……

第2章　会計監査士名簿

第6条　会計監査士は会計監査士名簿に登録せらるることを要す

第7条　会計監査士名簿は農商務省に之を備う
　　……[43,44]

「専門的の知識及経験を有し会社と利害の関係を有せざる独立不覇の地位に在る者を公認して会社事業の会計状態を監査し之を証明せしむるの必要を急切に感ぜざるを得ず，是れ本案を提出する所以なり」[45] と提案理由書にいわれるこの会計監査士法案はこれが嚆矢だったが，しかし，議会の日程に上ることなく終わり，あるいは翌1915年（大正4年）には「会計士法案」という名の以下のような法案も衆議院議員の加藤彰廉と小林丑三郎[46] によって提出されているが，これも議会の日程に上ることなく終わっ

───────────────

43　日本公認会計士協会25年史編さん委員会（編）『公認会計士制度25年史』21〜22頁。

44　なお，第3条の「3箇年以上弁護士判検事又は財務に関する高等官なりし者は前条第2号の資格を要せずして会計監査士たることを得」という規定は弁護士に会計士業という副業をもたらすものとの批判を受け，次の法案においては削除されている（原『わが国職業的監査人制度発達史』54〜55頁，日本公認会計士協会25年史編さん委員会（編）『公認会計士制度25年史』23〜25頁）。

45　加藤『近代職業会計人史』6頁。
　　日本公認会計士協会25年史編さん委員会（編）『公認会計士制度25年史』23頁。

46　加藤『近代職業会計人史』7頁。

ている[47]。

　　第1章　会計士の職務及資格
第1条　会計士は当事者の嘱託を受け又は官庁の命に依り左
に掲ぐる職務を執行するものとす
　1　会計に関する事項の検査，監査，調査，整理，証明
　2　会計組織の編成，会計に関する規定の立案
　3　会計計算に関する争議の鑑定及仲裁
第2条　会計士たらんとする者は左に掲ぐる資格を具備する
ことを要す
　1　日本臣民にして民法上の能力を有する成年以上の男子
　　たること
　2　商業，経済，法律に関する官公私立専門学校を卒業し
　　たること
　3　5箇年以上会計に関する事務に従事し若くは3年以上
　　本法第1条に規定の職務に従事したること
　4　会計士試験の規定に合格したること
　5　会計士詮衡委員会の推薦を経ること
　……

　　第2章　会計士名簿
第7条　会計士は会計士名簿に登録せらるる事を要す
第8条　会計士名簿は農商務省に之を備ふ
　……[48]

47　原『わが国職業的監査人制度発達史』52頁。

136

「大正3年以来，毎年のように，国会に提出された法案は，ことごとく未提出のままとなるか，審議未了となって実現しなかった。その原因は，何といっても，会計業務に対する社会の認識が低く，特に最も理解を必要とする産業界が，逆に実業界を混乱させるとして会計人制度を迎えいれる体制や熱意に欠けるものがあった。また官界もこれと歩調を合すように，時期尚早を唱えて会計人制度の制定には消極的であった。議員提案の方法をとらざるを得なかったのも，このような理由による」[49]。

　ただし，如上の相次ぐ法案提出の動きは会計士業従事者に刺激を与え，先述の東等による1921年の日本会計士会の設立へと繋がった[50]。

会計学と会計実務　　　ところで，叙上のように，日本会計士会はこれが1921年に設立され，また，前章に述べられたように，その4年まえには日本会計学会が設立されており，そうしたなか，会計学と会計実務の関係をめぐる議論が現れていたことは注目に値する。

　日本会計学会編纂の『會計』は恰も1921年に「会計学に学者なし」という過激な題の一文を載せているが，「新興の実際的会計家即ち会計士諸氏の前途を祝福したい」[51]というその筆者，兒

48　日本公認会計士協会25年史編さん委員会（編）『公認会計士制度25年史』26頁。

49　加藤『近代職業会計人史』8頁。

50　原『わが国職業的監査人制度発達史』85頁。

第5章　会計プロフェッションの黎明　*137*

林百合松[52] は「日本の会計的発達の為めに目下最も必要を感じて
居るのは手腕ある会計士階級の発生といふことであろう」[53] と述
べており，また，翌 1922 年（大正 11 年）の同誌には以下のよう
な記述をみることができる。

　　「或る簿記会計学者は「複記式記帳は其発明以来今日迄 400
　有余年間商業社会に認められ広く使用され来れる会計整理法
　にして此の一事はよく此記帳法が最良のものたるを証して余
　りあるなり」と云ひ，又或る簿記会計学者は「複記式簿記法
　は近世に於て人類が発明したるものの中に於て最も良きもの
　の一つなり」とも云って居るが如斯随分古い歴史を有ち，如
　斯良きものとせらるる複記式簿記の現状は意外に進歩をして
　居らぬものと云はねばならぬのではなからうか。これを実務
　の上から云っても，学問的方面から云っても，400 年前の複
　記式簿記法も，今日の複記式簿記法も，星霜を経たる割には
　格別の進歩を認めないと云って過言であろうか。……簿記会
　計学が如斯，恰も蝸牛の様に遅々として進まない原因の一つ
　は，斯学が何者かに囚はれて居る為めではなからうか」[54]。
　　「会計学者の論研は，唯々徒らにバタ臭い理想に走って之が

51　兒林百合松「会計学に学者なし（重ねて岡田氏に答ふ）」『會計』
　　第 10 巻第 3 号，1921 年，65 頁。
52　「吉田（良三）さんが早稲田を去ってから，その跡に入ったのが
　　兒林百合松君である」（太田『会計学の 40 年』38 頁（ないし太田
　　『近代会計側面誌』37 頁））。
53　兒林「会計学に学者なし」65～66 頁。

実務との間に少からざる距離がある」[55] が，「良く考へて見ると簿記会計学は単に学者の研究にのみ之を委ねて置く可きものの様でも無く，何れかと云えば，或る意味に於て我々実務家が体験の上から築き上げた斯学の方が，反って実際に価値が有るものかとも思ふ点も有る」[56]。

「今日の簿記会計学は今少し，実務に接近して学問的の貢献を実務の上にしてほしいものである」[57]。

ただしまた，他方，会計学者のなかには当時の会計学について理論性の乏しさを次のように嘆く向きもみられる。

「当時の会計学は多く手続の説明であって，理論的な省察が極めて乏しいもののように考えられた。もともと当時の学者が好んでお手本とした英国の会計学は，多くは会計士の業務のために書かれたものであった。後年黒沢清君が「計理士会計学」と呼んだのはまさしく当っている。国民性もあるには違いないが，高遠な理論をヴェールの底にかくして，主として実践的な問題のみについて，実務的に取扱っていたのであった。ディクシーの著書はやや理論的であるといわれたが，それも断片的に理論的であるに過ぎない」[58,59]。

54　三木良賛「囚はれたる簿記会計学」『會計』第 10 巻第 6 号，1922年，50 頁。

55　同上，53 頁。

56　同上，51 頁。

57　同上，53 頁。

確かにピクスリーやローレンス R. ディクシー（Lawrence R. Dicksee）を先駆とする「イギリスの会計学史はほとんど専ら実務のなかにある」[60]。

計理士法の制定　閑話休題。1925 年，第 50 回帝国議会に提出されたのはこれが最後の会計士法案だった。貴族院において審議未了となったこの法案は，しかしながら，政府が次期の国会に法案を提出する旨の約束を農商務大臣の高橋是清からもたらすこととなった[61]。

　政府による法案の提出は高橋が約束した「次期の国会」，すなわち第 51 回帝国議会には間に合わなかった[62]が，1927 年（昭和 2 年），第 52 回帝国議会において漸う成立をみたのは計理士法だった。

　　第 1 条　計理士は計理士の称号を用ひて会計に関する検査，
　　　調査，鑑定，証明，計算，整理又は立案を為すことを業と
　　　するものとす
　　第 2 条　左の条件を具ふる者は計理士たる資格を有す

58　太田『会計学の 40 年』16 頁（ないし太田『近代会計側面誌』16 頁）。

59　ただし，これは 1916 年（大正 5 年）頃についての記述（太田『会計学の 40 年』15 頁（ないし太田『近代会計側面誌』15 頁））。

60　友岡賛『会計学の基本問題』2016 年，131 頁。

61　原『わが国職業的監査人制度発達史』139〜140 頁。

62　同上，155 頁。

1　帝国臣民又は主務大臣の定むる所に依り外国の国籍を
　　　　有する者にして私法上の能力者たること
　　　2　計理士試験に合格したること
　　　　計理士試験に関する事項は勅令を以て之を定む
第3条　左の各号の一に該当する者は前条第1項第2号の規
　　定に拘らず計理士たる資格を有す
　　　1　会計学を修めたる経済学博士又は商学博士
　　　2　帝国大学若は大学令に依る大学に於て会計学を修め学
　　　　士と称することを得る者又は専門学校令に依る専門学校
　　　　に於て会計学を修め之を卒業したる者
　　　3　主務大臣に於て前号に掲ぐる学校と同等以上と認むる
　　　　学校に於て会計学を修め之を卒業したる者
　　　……
第5条　計理士たらんとする者は計理士登録簿に登録を受た
　　ることを要す
　　計理士の登録に関する事項は勅令を以て之を定む
　　　……
第12条　計理士たる資格を有せずして計理士の業務を行ひ
　　たる者は6月以下の懲役又は千円以下の罰金に処す
　　　……
　　　　　附則
　　　……

本法施行の際迄引続き1年以上会計に関する検査，調査，
鑑定，証明，計算，整理又は立案の業務に従事したる者は本
法施行の日より6月以内に出願したるときに限り第2条第1

項第 2 号の規定に拘らず計理士試験委員の詮衡を経て計理士
たることを得

　帝国大学，大学令に依る大学若は専門学校令に依る専門学
校又は主務大臣に於て之と同等以上と認むる学校に於て経済
に関する諸学科を修め定規の課業を卒へたる者にして引続き
3 年以上会計に関する検査，調査，鑑定，証明，計算，整理
又は立案の業務又は職務に従事したる者は本法施行の日より
5 年以内に出願したるときに限り第 2 条第 1 項第 2 号の規定
に拘らず計理士試験委員の詮衡を経て計理士たることを得[63]

　ここに「会計士」ではなく，「計理士」という名称が用いられ
た事訳については，「会計士」という肩書きが既存だからこそ，
これと区別すべく，と解され[64]，「既に多数の自称会計士がいた
ので，それと区別するため」[65] といわれ，また，第 1 条に挙げら
れた業務は計理士の独占業務ではなく，しかし，第 12 条の罰則
規定は「計理士」という肩書きの独占を謳っている。敷衍すれば，
計理士の業務は計理士に非ざる者にも執行することができるが，
「計理士」の肩書きをもって計理士の業務を執行しうる者は計理
士に限られる，ということだった。

　また，第 1 条に「検査」や「調査」はあったが，「監査の用語

63　計理士法（昭和 2 年法律第 31 号）。
64　原『わが国職業的監査人制度発達史』183 頁。
65　太田『会計学の 40 年』29 頁（ないし太田『近代会計側面誌』29
　頁）。

はなかった」[66]。

　「監査」と「検査」と「調査」の異同は何か。そのかみの監査の書は以下のように述べている。

　　「会計監査とは会計帳簿及び之れに関連する処の各種証憑書類を取調べ其記録の正否を鑑別する手続きを云ふ。……換言すれば会計監査とは会計帳簿に記録されある，汎らゆる取引が果して事実の真相を物語るに足るものなりや否や，更らに進んで決算報告書によって示されたる其事業の財産状態並びに損益関係が何れも日々の取引順序に従ひ秩序正しく且つ正確明瞭に記録されあるや否やを検査し之れを証明するものにして，如何なる事業にありても必要缺く可らざるものなりとす」[67]。
　　「会計の検査とは一定の目的の下に一時的に或る部分を限り検査をなす場合に用ひらるる処の用語」[68] であり，「会計調査とは其の目的が制度，組織の進歩改善を計るが如き場合に多く用ひらるるもの」[69] である。

　なおまた，1924 年（大正 13 年）刊のこの書の著者，中瀬勝太郎（明治大学教授，会計士）は当時の状況について「私が会計士として会計監査の業務を東京で開いたのは今から恰度 13 年前の

66　新井益太郎『会計士監査制度史序説』1999 年，4 頁。
67　中瀬勝太郎『会計監査要論　乾』1924 年，1〜2 頁。
68　同上，2 頁。
69　同上，2 頁。

明治45年1月の事であった。其当時は会計士と云っても京浜間を通じて私たった一人の事で有り，何人も会計士の職務に対して理解を持つ者のないのは勿論，之れを利用せんとするものの如きは殆んど皆無と云ってもよい位のものであった」[70]と始め，しかしながら，「然るに其後幾多の変遷を経て会計士の数は日と共に激増し，実業界に於ても漸次其必要を認むるに至ったのは斯業に先鞭を着けた私としては衷心より喜びに堪へない次第である」[71]と続けているが，しかし，やはり以下のように当時の状況を嘆き，監査制度の確立と会計士制度の創設を願っている。

「元来会計監査は他人のなしたる会計整理が正確明瞭且つ秩序正しく記録計算せられ，之れによりて作成せられたる貸借対照表，損益計算表等が何れも事業の真相を示すに足るものなるや否やを，第三者の手により確むるものなれば従って之れが担任当務者たる者の会計智識の深浅及び正不正，当不当又は誤謬虚偽等の有無並に其事務に対し如何に親切丁寧なるや否やを知る事を得るものなれば，事業経営者又は管理者としては常に此点に留意し専門監査人に依嘱するか，又は当該事業には全く関係なき会計上の智識の特に豊富なるものを択びて其衝に当らしむべき必要あり」[72]。

「而して之れが為めには我国の法律に於ては監査役，監事又は検査役等の制度を設けてありて常に事業の進展と共に会計

70　同上，「序」1頁（圏点部分は原文においては太文字）。

71　同上，「序」1頁。

72　同上，3頁。

の監査をなさしめ其事業の円滑なる発達を期せしめんとなし
居るものの如くなるも，我国に於ける会計に関する教育未だ
法律の予期せるが如く進歩せず，此両者の間には甚だしき跛
行を敢てし，現在にては法律の期待を全く裏切り世人は此監
査役を閑散役と称して其無能無為を当然なりとして顧みるも
のなきに至りしは果して何人の罪なるや，少なくとも我国の
事業家が不健全なる基礎と思想の基に一夜作りの虚業を濫興
し監査役の権能を無視し監査役又此等虚業家の頤使に甘んじ
たるに起因するものなりと云ふも亦敢て過言に非らざるべ
し」[73]。

「従って今後我国の事業界をして尤も健全なる発達をなさし
めんと欲すれば，少なくとも之れが監査制度の確立を期する
と共に欧米先進諸国に於て最も顕著なる効験を示し，事業界
に於ける最大権威たる会計士制度の創設をなすと共に，我国
実業教育に従事する処の者も亦簿記会計学の普及発達に一段
の努力を払はれん事を希望して止まざるものなり」[74]。

　閑話休題。大正期の会計監査士法案や会計士法案はその提出者
が議員だったのに対し，この計理士法の法案は政府によって提出
され，立案は商工省によってなされており[75]，「漸う成立をみた」
とは前述したものの，「会計に関する事務に鞅掌する計理士の制
度を公認し其資格を一定すると共に，公益上之に対し適当の監督

73　同上，3～4頁。
74　同上，4頁（圏点部分は原文においては太文字）。
75　加藤『近代職業会計人史』11頁。

を行ふが為計理士法制定の必要あり」[76] と提案理由書にいわれる
この法案には「従前の会計士法案が会計士制度を積極的に確立し
ようと法案内容に修正を加えてきたのに対して，むしろ消極的に
計理士を認めて登録せしめ，計理士の取締りを便ならしめようと
する官界の意図が伺われ……政府は実業界の疑心に気をつかい，
計理士制度の確立を希って計理士法案を提出したのではなく，む
しろ計理士法の制定に便乗して，職業会計人の取締りを企図した
とみるべきであろう」[77] ともされ，また，「計理士たる資格を制
限し，その行動を取締るだけの法律」[78] と批判される。

　1927 年の 9 月に施行された計理士法はその附則において「本
法施行の際迄引続き 1 年以上会計に関する検査，調査，鑑定，証
明，計算，整理又は立案の業務に従事したる者」等に既得権を認
めており，他方また，同年の 11 月ないし 12 月に第 3 章に既出の
上野道輔や中瀬等を試験委員として実施された最初の計理士試験
は受験者 12 名中，4 名が合格，1927 年中に 64 名が計理士に登録
し[79]，むろん，そこには東の名前もあった[80]。

76　同上，11 頁。
　　日本公認会計士協会 25 年史編さん委員会（編）『公認会計士制度
　25 年史』65 頁。
77　加藤『近代職業会計人史』11 頁。
78　太田『会計学の 40 年』79 頁（ないし太田『近代会計側面誌』73
　頁）。
79　日本公認会計士協会 25 年史編さん委員会（編）『公認会計士制度
　25 年史　別巻』1975 年，364〜365 頁。
80　日本会計学会（編）『会計理論』「東奭五郎先生略歴」1 頁。

いまだ機は熟さず　しかしながら，計理士法は「業務独占規定を欠きまた資格要件において低級なものであった」[81]。「最大の弱点は，大量に既得権者を無条件で認めたことと，大学または専門学校を卒業しただけで資格がとれることであった」[82]。

計理士の登録者数は表5-1[83]のように推移し，10年後の1937年（昭和12年）には8,000名を超えるまでに至っているが，しかし，その多くは「帝国大学若は大学令に依る大学に於て会計学を修め学士と称することを得る者又は専門学校令に依る専門学校に於て会計学を修め之を卒業したる者」ないし「主務大臣に於て前号に掲ぐる学校と同等以上と認むる学校に於て会計学を修め之を卒業したる者」であって[84]，「計理士の質はきわめて低いものにならざるをえなかった」[85]し，また，実際の開業者数は登録者数の1割にも満たないとも推算された[86]。

「計理士法は生れながらにして既に無力に等しいものであった」[87]。

81　原『わが国職業的監査人制度発達史』269頁。

82　太田『会計学の40年』86頁（ないし太田『近代会計側面誌』79頁）。

83　日本公認会計士協会25年史編さん委員会（編）『公認会計士制度25年史　別巻』365頁。

84　原『わが国職業的監査人制度発達史』271頁。

85　渡辺和夫「戦前の会計監査」『商学討究』第56巻第1号，2005年，31頁。

86　原『わが国職業的監査人制度発達史』271頁。

87　太田『会計学の40年』86頁（ないし太田『近代会計側面誌』79頁）。

第5章　会計プロフェッションの黎明　*147*

表 5-1　計理士数

	登録者数	累計
1927 年（昭和 2 年）	64	64
1928 年（昭和 3 年）	756	820
1929 年（昭和 4 年）	1,030	1,850
1930 年（昭和 5 年）	1,040	2,890
1931 年（昭和 6 年）	919	3,809
……		
1937 年（昭和 12 年）	610	8,003
……		
1947 年（昭和 22 年）	3,180	21,983

　如上の計理士法には，したがって，端^{はな}から「改正運動が予定されていた」[88]。

　事実，直ちに始まったこの運動は，しかしながら，不首尾に終わっている。当の計理士業界はその足並みが揃わず，主務官庁の商工省は改正に賛成せず，また，そもそもこの手のプロフェッションに対する社会的な需要はこれがいまだ乏しかったからだった[89]。

　機はいまだ熟してはいなかった。

　「計理士制度は，何ら社会的評価をうけることができず，現実に監査業務に従事するものはきわめて少数に限られていた。ちょうど商法上の監査役が，当時有名無実の存在で，監査役とは監査をしないことをその役割として期待されたのと同様であった。

88　原『わが国職業的監査人制度発達史』361 頁。

89　同上，324，361〜362 頁。

……特に戦前の時代においては，計理士制度と監査役制度は有名無実の存在であるという点において双璧をなしていた観があった」[90]。

90　黒澤清「財務諸表制度発展史序説」黒澤清（編著）『わが国財務諸表制度の歩み──戦前編』1987 年，10 頁。

第6章 昭和時代における
会計プロフェッションの逡巡

戦後，公認会計士法が成立をみ，公認会計士が生まれ，会計士団体が設立をみてもなお，なかなか会計規制の担い手たりうる会計プロフェッションの確立には至らない状況をもって辿る。

第2次世界大戦後

第2次世界大戦後，財閥が解体され，爾来，日本の経済は大変革を経験してきている。税制改革，商法の改正，および証券取引法の制定等によって種々の従前の確立されたシステムが改められた結果，まったく新しい会計システムがもたらされ，また，1927年制定の計理士法は1948年制定の公認会計士法に取って代わられた。

1948年には企業会計制度対策調査会が政府に設けられ，これは上野を会長とし，四つの部会がそれぞれの部会長に率いられていた。

黒澤を部会長とする第1部会は企業会計基準を扱い，上野に率いられた第2部会は会計教育を扱い，岩田巌（1905〜

1955 年）に率いられた第 3 部会は監査基準を扱い，中西に率いられた第 4 部会は原価計算基準を扱った。

企業会計制度対策調査会の活動の成果は 1949 年に設けられた企業会計原則および 1950 年に設けられた監査基準であった。さらには企業会計制度対策調査会が改組され，改名された企業会計審議会[1] によって 1953 年に原価計算基準が作成された。

企業会計原則および監査基準は数度の改正を施されつつ，日本の会計制度および戦後の日本の高度経済成長に大きく寄与した。

日本には日本公認会計士協会と日本税理士連合会という二つの会計プロフェッション団体が存在する。前者は 1949 年に任意団体として設立され，1966 年に特殊法人化されており，日本税理士連合会は 1951 年の税理士法の制定をもって既存の連合会が改組され，1956 年に再び改組されている[2]。

---

[1] 正しくは，企業会計制度対策調査会が 1950 年（昭和 25 年）に改組されて企業会計基準審議会となり，1952 年（昭和 27 年）には同審議会が廃されて企業会計審議会が設けられた（千葉準一『日本近代会計制度——企業会計体制の変遷』1998 年，175，201 頁，新井清光『日本の企業会計制度——形成と展開』1999 年，79 頁）。

[2] Kozo Iwanabe, 'Japan,' in Michael Chatfield and Richard Vangermeersch (eds.), *The History of Accounting: An International Encyclopedia*, 1996, pp. 352-353（（　）書きは原文）.

第6章　昭和時代における会計プロフェッションの逡巡　*151*

計理士と税務　　前章に述べられたように，「資格要件において低級」とも，あるいは「有名無実の存在」とも酷評される計理士制度は，しかしながら，結局，改められることなく，戦後を迎えることとなるが，そこに至る戦前・戦中の状況をいま少しみておくこととしたい。

　これも前章に述べられたように，「生れながらにして既に無力に等しいものであった」計理士法には，したがって，端から「改正運動が予定されていた」が，しかし，同法の制定後，ほどない頃から陸続と行われた改正案等の提出は悉く旨くゆかず，その原因の一つは例えば下記のような計理士業界内の意見の不統一に求めることができた[3]。

　　「理想派の西日本計理士会……より提案された法案では……税務代理業務は計理士法から独立せしめ税務代理人法によって規制しようとするの……に対して現実派である大阪計理士会などは，税務代理業務を計理士の業務に含ましめること……を求め……計理士業界の内部においては，計理士制度をして検査計理士制度として発展させることを望む理想派と，税務代理をも含ましめむしろそれを計理士の主要業務とする現実派との対立があ」[4]った。

3　原征士『わが国職業的監査人制度発達史』1989 年，第 6 章。
4　同上，292〜293 頁。

論点の一つは税務だった。「その頃の計理士の仕事は，しだい
に税務が中心となりつつあった。代理記帳も監査も税のためとい
うふうになった。それに伴って若干の弊害も生じて来たらしい。
税務官吏と接触が多くなれば，儀礼の度を超えたつき合いもする
ようになる。それを色眼鏡で見ればおかしな姿にもうつる。これ
を粛正することが計理士の健全な発達に必要だと強く主張したの
が木村禎橘君であった」[5]。

「東京高商の専攻部を卒業後，暫らく学校で教鞭をとっていた
が，大正初期に保険会社に入り，2 年ロンドンの駐在員として赴
任していたが，大正 12 年頃帰国すると間もなく保険会社を退職
し，大阪で会計士を開業した」[6] というこの木村[7]が理事長として
率いていたのが「理想派の西日本計理士会」だった[8]。太田哲三
によれば，「理想家であり，理論家でもある……木村君の性格か
らすれば，計理士が税務をやって金儲けをやることは邪道であり，
計理士の堕落であると見えたのであろう。税務のためには時とし
ては正確な記帳整理をするよりも，嘘の計算を上手にやる方が依
頼者を満足させるような場合もある。これは真実の表現を標識と
する計理士の立場からは反対の方向への転落である。そこで，木
村君は……税務の代理業者を別に制度上設けることによって，計

5 　太田哲三『会計学の 40 年』1956 年，186〜187 頁（ないし太田哲
　　三『近代会計側面誌──会計学の 60 年』1968 年，171 頁）。
6 　加藤和男『近代職業会計人史』1973 年，39 頁。
7 　なお，「後に甲南大学教授となった」（新井益太郎『会計士監査制
　　度史序説』1999 年，45 頁）。
8 　原『わが国職業的監査人制度発達史』292 頁。

第 6 章　昭和時代における会計プロフェッションの逡巡　*153*

理士の業務を浄化せんと企だてたのである」[9]。

　ただし，太田自身は意見を異にしていた。「英米のアカウンタントもその業務の大半は税務であり，それが徴税を合理化する方法であると考えられている。これをその業務から奪うことは，唯さえ不振な計理士業の発展を期する途ではないと」[10] いうことだった。

　ただし，例えば会計プロフェッションの祖国イギリスにあっても，税務はこれがつとにこのプロフェッションにおいて重きをなしていたわけではなかった。イギリスの会計プロフェッションは 19 世紀の半ば過ぎには成立をみていたが，税務がこのプロフェッションにおいて重きをなすに至ったのは 20 世紀に入ってから暫しのち，1910 年代は第 1 次世界大戦期以降のことだった。税務をもたらしたのはこの大戦だった[11]。

　古今東西，戦争と税は密接な関係にある。戦争にはカネが掛かり，したがって，戦費調達のための増税（税率の引き上げないし新税の導入）が行われ，これが専門家に税務をもたらす[12]。

9　太田『会計学の 40 年』187 頁（ないし太田『近代会計側面誌』172 頁）。

10　太田『会計学の 40 年』187〜188 頁（ないし太田『近代会計側面誌』172 頁）。

11　友岡賛『会計士の誕生──プロフェッションとは何か』2010 年，100〜101，106〜109 頁。

12　ただし，まずは直接税による増税の場合（同上，101 頁）。

そのかみの日本，いや，少し遡って明治期の日本も同様だった。まずは日清戦争，そして日露戦争による増税が税務代理業をもたらし[13]，「これがはじめて公認されたのは，大阪府が明治45年（1912年）5月に制定した「大阪税務代弁者取締規則」によってであるといわれる。京都府も昭和11年（1936年）3月に「京都税務代弁者取締規則」を制定している。これらの規則は，税理士という職業の重要性を認めてその保護をはかろうとするものではなく，業者のなかには，納税者にたいし不当な報酬を要求するものもでてきたので，これを取締るためのものであった」[14]。

そして昭和に戻り，「戦時状態に入るや，所得税や法人税がしだいに引上げられたのは当然であるが，税務当局への掛合いを計理士に依頼する者が多くなった。また経営合理化の立場から，計理士が指導したり，監査したり，または代理記帳をやっていても，決算に当って税務当局への説明資料は計理士が作成し，或いは当局と話合いすることが当然のサーヴィスのようになった」[15]。

税務代理士法の制定　ただしまた，戦時を待つことなく，計理士には決して少なくない税務代理の仕事

13　日本税理士会連合会税理士制度沿革史編さん委員会（編）『税理士制度沿革史』1969年，3頁。

　　原『わが国職業的監査人制度発達史』342頁。

　　北野弘久『税理士制度の研究（増補版）』1997年，27頁。

14　同上，27頁。

15　太田『会計学の40年』185頁（ないし太田『近代会計側面誌』170頁）。

第6章　昭和時代における会計プロフェッションの逡巡　*155*

があった。前章に既述のように 1927 年（昭和 2 年）に制定をみた計理士法はその附則において「本法施行の際迄引続き 1 年以上会計に関する検査，調査，鑑定，証明，計算，整理又は立案の業務に従事したる者は本法施行の日より 6 月以内に出願したるときに限り第 2 条第 1 項第 2 号の規定に拘らず計理士試験委員の詮衡を経て計理士たることを得」としており，すなわち「経過的に 1 年以上会計に関する検査，調査等の業務に従事していたものも計理士になることができたので，当時の税務代弁者の相当数が計理士の資格を取得するにいたった」[16] からだった。

　そして戦時にあって税務はこれがいよいよ増加をみる。

　そうした税務「をその業務から奪うことは，唯さえ不振な計理士業の発展を期する途ではないと」いう主張にもかかわらず，「ところが税務の代理業については大蔵省主税局が関心をもち，終に……税務代理士なる制度を設けたのであった」[17]。

　税務代理士法が成立をみたのは 1942 年（昭和 17 年）のことだった。

　　第 1 条　税務代理士は所得税，法人税，営業税其の他命令を
　　　　以て定むる租税に関し他人の委嘱に依り税務官庁に提出す
　　　　べき書類を作成し又は審査の請求，訴願の提起其の他の事

16　北野『税理士制度の研究（増補版）』28 頁。

17　太田『会計学の 40 年』188 頁（ないし太田『近代会計側面誌』172 頁）。

項（行政訴訟を除く）に付代理を為し若しくは相談に応ずるを業とす

第2条　左の各号の一に該当する者は税務代理士たる資格を有す

1　弁護士

2　計理士

3　命令を以て定むる官庁に於て高等官又は判任官の職に在りて3年以上国税の事務に従事したる者但し其の職を退きたる後1年を経ざる者は此の限りに在らず

4　前各号に掲ぐる者の外租税又は会計に関し学識経験を有する者

……

第4条　税務代理士たらんとする者は命令の定むる所に依り主務大臣の許可を受くべし

……

第9条　税務代理士は国税の逋脱に付指示を為し，相談に応じ其の他これに類似する行為を為すことを得ず

……

第24条　税務代理士第9条の規定に違反したるときは2年以下の懲役又は3千円以下の罰金に処す

……18

「わが国における税理士制度は，この税務代理士法によっては

18　税務代理士法（昭和17年法律第46号）。

第 6 章　昭和時代における会計プロフェッションの逡巡　*157*

じめて確立された」[19] とも，あるいは「わが国の税理士制度が法
制度として確立をみたのは……第 2 次大戦中の昭和 17 年 2 月に，
「税務代理士法」において」[20] だったともいわれるが，しかし，
「その当時資格は極めて寛大であって，大体過去の実績によって
認可されたのであり，計理士の大半は同時に税務代理士の称号を
得たのであった。税務代理業が職業と認められたのはよいが，木
村君が意図する如く計理士を浄化するには至らなかった。ただ，
一枚看板が二枚になったに過ぎなかったのである」[21]。

　税務代理業の法制度化は，そもそもは，叙上のような理想派の
計理士によって，計理士業の浄化ないし純化を目的として目指さ
れていたものが，昭和 10 年代，これは税務代理業者の側からこ
の法制度化を求める運動が起り，如上の法が制定をみるに至った
のだった[22]。

　「意図する如く計理士を浄化するには至らなかった」「木村君は，
真の計理士は監査を専業としなければならないとし，同志を糾合
して日本検査計理士会を設立し」[23]，この「日本検査計理士会は，

19　日本税理士会連合会税理士制度沿革史編さん委員会（編）『税理
　士制度沿革史』4 頁。

20　北野『税理士制度の研究（増補版）』27 頁。

21　太田『会計学の 40 年』188 頁（ないし太田『近代会計側面誌』
　172 頁）。

22　原『わが国職業的監査人制度発達史』341 頁。

23　太田『会計学の 40 年』188 頁（ないし太田『近代会計側面誌』
　173 頁）。

計理士制度の改革を計理士法の改正によってではなく，計理士法とは別個に，より高級の検査計理士法を制定し，また税務代理業務については，税務代理人法の制定をもって，制度改革を目指し」[24]，1934年（昭和9年）に同会は検査計理士法制定に関する建議案を提出してこれが衆議院を通過[25]，また，木村は1943年（昭和18年）には以下のような趣意をもって計理検査士制度の創設を提唱している。

「惟ふに戦時統制経済の計画的進展に伴ひ，価格等統制令，会社経理統制令，原価計算規則等の実施に関連して，計理専門家の協力すべき分野は漸次拡大し，殊に計理検査専門家は低物価政策並に生産力拡充政策の経済国策遂行に協力すべき重要なる機関として其の職域に邁進すべきものであることは明かである」[26]。

「而して計理検査士制度の創設に際しては，計理士職能中会計検査職能の分化向上による計理士制度改善の重点的解決を企図すると共に，現下経済界の実情に鑑み，経過規定により計理士以外の会計検査専門経験者にも門戸を開放し，其の創設の完璧を期することを要する」[27]。

24　原『わが国職業的監査人制度発達史』303頁。

25　加藤『近代職業会計人史』24頁。
　　原『わが国職業的監査人制度発達史』304～305頁。

26　木村禎橘「計理検査士制度の提唱」『會計』第52巻第1号，1943年，89頁。

27　同上，89頁。

第6章 昭和時代における会計プロフェッションの逡巡 *159*

　具体的には「若し夫れ計理士法第1条中「検査，調査，鑑定，証明」（計理検査職務）を削り，其の社会性，公共性重大なるに鑑み，国策的見地より之を分化向上せしめて計理検査士制度を創設し，計理士制度を会計整理（整理計算立案）を業とする制度となし，計理士界の実情に即応する職域の発展を期し，又計理士にして計理検査士を兼ぬる者には，計理士にして税務代理士を兼ぬる者と共に夫々其の専門的職能を発揮せしむる様にすれば更に徹底的な改善となる。……計理検査士の税務代理士を兼ぬるの可否に就ては，改正所得税法第43条の2「税務代理士は所得調査委員を兼ぬることを得ず」との規定に鑑み，此の兼業を禁じ，其の検査調査の公正独立を保持すべきである」[28] としてやはり浄化ないし純化を求める木村は以下のような計理検査士法案をまとめるに至っていた。

　第1条　計理検査士は会計経理及原価に関する検査調査鑑定
　　又は証明を為すことを業とするものとす
　第2条　左の条件を具ふる者は計理検査士たる資格を有す
　　1　帝国臣民又は主務大臣の定むる所に依り外国の国籍を
　　　有する者にして私法上の能力者たること
　　2　計理検査士試補として3年以上の実務修習を為し且考
　　　試を経たること
　　　前項第2号の実務修習及考試に関する事項は主務大臣之
　　を定む

28　同上，90頁（（　）書きは原文）。

第3条　計理検査士試補たるには試験に合格することを要す

前項の試験に関する事項は勅令を以て之を定む

……

第5条　計理検査士たらんとする者は命令の定むる所に依り主務大臣の許可を受くべし

主務大臣前項の許可に関する処分を為さんとするときは計理検査士試験委員会の議を経べし

計理検査士試験委員会に関する規程は勅令を以て之を定む

……[29]

　太田によれば，こうした木村「の運動は成就したとはいい難い。けれども大蔵省当局[30] も，計理士制度を何んとか改善しなければならないという感を抱くようになり，また一般計理士側でも当時の制度では資格が寛大に過ぎて自から軽んずるの風を生ずる惧れがあるので，その改善を望んでいた。それ等（ら）が終戦後23年の公認会計士制度まで脈々として関連しているのである」[31]。

計理士制度の改革

太田は次のように述懐している。

29　同上，91〜92頁。

30　計理士の所管は1941年（昭和16年）に商工省から大蔵省に移された（加藤『近代職業会計人史』38〜39頁）。

31　太田『会計学の40年』188頁（ないし太田『近代会計側面誌』173頁）。

「証券取引法が発布された。これも当時の多数の立法と同様に米国の制度を真似たものであって，株式，社債などの証券を発行（公募）する会社が，一定の様式を以て証券取引委員会へ届出で（届出）なければならない。また毎決算期においては，財務諸表をはじ（始）めとして種々会社の内容を記載した有価証券報告書を提出しなければならない。ところが，その提出する書類には計理士の監査証明を附属させることが必要となっている。この法律は，我国において外部の第三者による監査を実施する基本法であり，従って職業会計人の制度に対しても一大変革をもたらす原因となったのである。……終戦後いち早く大蔵省では改正案を練り，関係者を集めて審議することになったのが昭和22年の頃であった。……彼（太田）も古くから大蔵省には関係していたので，それにも招かれた。学者としては黒沢君，中西君が出たほかに，木村禎橘君も加わっていた。……これは昭和23年1月に制度調査委員会として正式のものとなった。この委員会の議を経て公認会計士法が発布されるに至ったのである」[32]。

　改革の必要は二つの要請によるものだった。一つは証券民主化の要請，いま一つは外国資本の導入の要請だった。これらの要請に応えるためには高度の会計専門家が独立の立場からする監査の制度を確立することが必要とされた[33]。「こうした状況の中で，

---

[32]　太田『会計学の40年』219～220頁（ないし太田『近代会計側面誌』203～204頁）。

計理士法改正の動きが内外，特に GHQ 方面よりの要請としてあらわれてきた」[34]。

　大蔵省が計理士制度の改革のため，内部的な検討に着手したのは 1946 年（昭和 21 年）の暮れのことだった[35]。

　具体的な目的は資格試験制度の確立だった。大蔵省は計理士業界と接触しつつ，また，太田，中西寅雄，平井泰太郎，木村等の有識者の意見を聴取し，1948 年（昭和 23 年）に計理士制度調査委員会をもって設置するに至り，その委員には日本計理士会の会長，日本検査計理士協会の理事長（木村），日本税務代理士会連合会の専務理事，上野道輔（東京大学教授），太田（東京商科大学教授），平井（神戸経済大学教授）等が名を列ねていた[36]。

　「委員会では，米英の会計士制度，殊に英国のチャータード・

─────────────────

33　日本公認会計士協会 25 年史編さん委員会（編）『公認会計士制度
　25 年史』1975 年，110〜111 頁。
　　日本公認会計士協会年史編纂特別委員会（編）『50 年のあゆみ』
　2000 年，10 頁。

34　西野嘉一郎『現代会計監査制度発展史──日本公認会計士制度の
　あゆみ』1985 年，56 頁。

35　日本公認会計士協会 25 年史編さん委員会（編）『公認会計士制度
　25 年史』111 頁。
　　日本公認会計士協会年史編纂特別委員会（編）『50 年のあゆみ』
　10 頁。

36　日本公認会計士協会 25 年史編さん委員会（編）『公認会計士制度
　25 年史』111，114〜115 頁。
　　日本公認会計士協会年史編纂特別委員会（編）『50 年のあゆみ』
　10〜11 頁。

第 6 章　昭和時代における会計プロフェッションの逡巡　*163*

アカウンタント協会の規律に範をとることについては，最初から意見が一致していた。しかし，次の諸点については最後まで議論が分かれた」[37]。

　その第1点は，新しい資格の名称を何にするか，だった。第2点は，計理士をどうするか，だった。第3点は，兼業禁止等の規定を設けるべきか，だった。第4点は，当該資格を有する者の自治的団体はこれを民法上の社団法人等とは異なる法人組織として認め，特別の委員会の監督下に置くべきかどうか，だった[38]。

　名称には「公認会計士」が採択された。計理士については「計理士」という名称に使用可能年限を設けることとされ，また，一定の条件を満たす計理士には特別試験の合格をもって公認会計士となることができる途が開かれ，兼業禁止等の明文化は見送られ，自治的団体について規定する立法も見送られた[39]。

「公認会計士」という名称[40]

ところで，「公認会計士」という名称についてはこれはアメリカ

37　日本公認会計士協会 25 年史編さん委員会（編）『公認会計士制度25 年史』120 頁。

38　同上，120〜121 頁。
　　原『わが国職業的監査人制度発達史』438〜439 頁。
　　日本公認会計士協会年史編纂特別委員会（編）『50 年のあゆみ』11 頁。

39　日本公認会計士協会 25 年史編さん委員会（編）『公認会計士制度25 年史』120〜121 頁。
　　原『わが国職業的監査人制度発達史』438〜439 頁。

40　友岡『会計士の誕生』38〜42 頁。

における「Certified Public Accountant」の訳ともされているが，もしそうだったとしたら誤訳といわざるをえない。というのは，「Certified Public Accountant」は「Certify された Public Accountant」であって，すなわち「認可された公共会計士」だからである。

とりあえずは「もしそうだったとしたら」としたが，実は，「公認会計士」は「Certified Public Accountant」の訳，とするのが通説のようである。例えば太田によれば，「計理士という称号は，一般社会人には必らず（必ず）しも好感を以て迎えられていない。今度の法律によって，資格を得たものは監査が主たる業務となる予想であるから，監査士としてはどうかとの意見も出た。けれどもこれを英文に訳すとすれば，やはり Accountant としなければならない。それならばいっそのこと米国の言葉をそのまま翻訳して，サーティファイド・パブリックを公認とし，アカウンタントを会計士としたらよかろうということになって，公認会計士という名前ができ上った」[41] とされ，あるいは「当初は，「公認会計士」という名称ではなく，「監査士」などの各種の名称が提案されていた。しかし「監査士」などの名称は G・H・Q の了承を得られず，結局「公認会計士」に落ち着いた。その下敷きとなったのはニューヨーク州の「公認会計士法（Certified Public Accountant Law）」であった」[42] ともされる[43]。

他方，日本公認会計士協会の『公認会計士制度 25 年史』には「公認会計士」という名称が選択された理由（ほかの名称が選択さ

41　太田『会計学の 40 年』220 頁（ないし太田『近代会計側面誌』204 頁）。

42　新井『会計士監査制度史序説』5 頁。

れなかった理由）について次のような説明があるが，「公認会計士」という名称の出所（そもそもこの名称はどこからきたのか）には言及がない。

　　「新たな制度に付す名称として公称監査士，監査士，会計士，公認計理士，計査士，会計検査士，計理検査士など数多くの意見が提案された。監査証明を主要な業務とする点からいえば，監査士の名称こそ最適であると考えられ，また最も有力であったが，新制の会計専門家は監査証明以外にも，財務に関する調査・立案，財務書類の調製等の業務分野において活動すべき分野は広く，結局，公認会計士という名称に落ち着いた。計理士あるいは経理士という名称が排されたのは，旧制度との相違を明らかにするためであり，「公認」の2字を冠したのは，計理士法制定の前後を通じて計理士以外の者が使用した会計士という名称との混用を防ぐためであった」[44]。

　いずれにしても，「Certified Public Accountant」は「認可された公共会計士」であって，「公認会計士」ではなく，すなわち

43 　「自己紹介をすると，「どうして公認なのか？」という質問を受けることが多くありますが，「公に認められた会計士だから」とか，「CPAという英語の訳である」と答えていました。しかし……」（山田有人「したたかで，ひたむきな会計士の歴史を学ぼう」『税経セミナー』第58巻第4号，2013年，3頁）。

44 　日本公認会計士協会25年史編さん委員会（編）『公認会計士制度25年史』120頁。

「公に認められた会計士」ではなく，すなわち「Publicly Certified Accountant」ではないのである。

　ただし，「「公認会計士」という名称は名誤訳（？）であった」[45]。

公認会計士法の成立

　　　　　　　　　　　　閑話休題。改正計理士法ではなく，公認会計士法が成立をみたのは1948年の7月3日，公布は7月6日だった[46]。また，「公認会計士法の成立によって，証券取引法第193条「証券取引委員会は，この法律の規定により提出される貸借対照表，損益計算書その他の財務計算に関する書類が計理士の監査証明を受けたものでなければならない旨を証券取引委員会規則で定めることができる。」の規定中，"計理士"は"公認会計士"と改められることになった」[47]。

　ただし，「公認会計士法くらい発布して短時日の間に改正を重ねた法律は稀有である。これは当初の法律の不備よりも，（計理士による）反対運動の如何に熾烈であったかを物語るものであ」[48]って，例えば改正の多さをもって「昭和23年に3回，昭和24年に

45　山田有人「友岡賛著『会計士の誕生――プロフェッションとは何か』（書評）」『産業経理』第70巻第2号，2010年，125頁（（　）書きは原文）。

46　原『わが国職業的監査人制度発達史』453頁。

47　日本公認会計士協会25年史編さん委員会（編）『公認会計士制度25年史』130頁。

48　太田『会計学の40年』227頁（ないし太田『近代会計側面誌』210頁）。

4回改正されるという他に類をみない異常事態」[49]と評する千葉準一はその事訳について以下のように述べている。

「なにしろ会計制度の主要な利害集団である新しい「職業団体」が，成熟した市民社会の中で鍛えられつつ，そこでの社会的承認を得ながら自主的かつ正当的に形成されるというのならともかくも，それらを一挙に『法律』でもって新設しようというのであるから，従来の会計界に関わる「計理士」等を中心とした既存の職業団体の既得権との葛藤とそれらの処理の問題が噴出するのは当然のことであった」[50]。

　　　第1章　総則
　……
第2条　公認会計士は，他人の求に応じ報酬を得て，財務書類の監査又は証明をすることを業とする。
2　公認会計士は，前項に規定する業務の外，公認会計士の名称を用いて，他人の求に応じ報酬を得て，財務書類の調整をし，財務に関する調査若しくは立案をし，又は財務に関する相談に応ずることを業とすることができる。但し，他の法律においてその業務を行うことが制限されている事項については，この限りでない。
　……

49　千葉『日本近代会計制度』169頁。
50　同上，168頁。

第3条　会計士補は，公認会計士となるのに必要な技能を修得するため，会計士補の名称を用いて，前条第1項の業務について，公認会計士を補助する。

2　会計士補は，他人の求に応じ報酬を得て，会計士補の名称を用いて，業として前条第2項の業務を営むことができる。

3　前条第2項但書の規定は，前項の場合に，これを準用する。

　　……

　　　第2章　公認会計士試験

第5条　公認会計士試験を分けて，これを第1次試験，第2次試験及び第3次試験とする。

2　第2次試験に合格した者又は第9条各号の規定による第2次試験の免除が全科目に及ぶ者は，会計士補となる資格を有する。

3　第3次試験に合格した者は，公認会計士となる資格を有する。

　　……

第11条　第3次試験は，第12条の規定による実務補習を受けた期間が1年をこえ，且つ，当該期間の外に会計士補として第2条第1項の業務について公認会計士を補助した期間が2年をこえる者に限り，これを受けることができる。

第12条　実務補習は，会計士補に対して，公認会計士となるのに必要な技能を修得させるため，公認会計士の事務所その他会計士管理委員会の認定する機関において，これを

行う。

……

　　　第6章　会計士管理委員会

第35条　公認会計士及び会計士補並びに公認会計士試験に
　関する事項を管理し，公認会計士及び会計士補を監督する
　ため，会計士管理委員会を置く。

……

　　　第7章　業務の取締

第47条　公認会計士でない者は，法律に定めのある場合を
　除く外，他人の求に応じ報酬を得て第2条第1項に規定す
　る業務を営んではならない。

……

　　　附則

……

第57条　昭和23年8月1日から3年以内に限り，会計士管
　理委員会の定める時期に，特別公認会計士試験を行う。

……

第61条　計理士法（昭和2年法律31号）は，これを廃止す
　る。……

第62条　計理士法第5条の規定による計理士の登録の申請
　は，この法律の公布の日以後は，これを受理しない。

　　……*51*

51　公認会計士法（昭和23年法律103号）。

なお,「計理士法が公認会計士法として脱皮している間に, 税務代理士の制度も改正され, 税理士法となり, 従来の認定制をやめて, 新規に開業する者は国家試験を受けることになった。公認会計士は試験なしで税理士を登録し得ることになり, 多数の公認会計士がその資格を得た」[52]。

「戦後, 申告納税制度の採用, 税務代理士制度の改正に関するシャウプ勧告等のため, 昭和26年6月納税義務を適正に実現すること等の見地から, 従来の税務代理士法にかえて, 新たに税理士法が制定された」[53] のだったが, 叙上のように「公認会計士法ほどたびたび改正された法律は他にも例が少ないという」[54] のに対し,「この税理士法は, 税理士の職責, 税理士業務の範囲, 税理士となる者の資格……等について詳細な規定を設けており, その内容は……おおむね現行どおりであった」[55]。

第1章　総則

第1条　税理士は, 中正な立場において, 納税義務者の信頼にこたえ, 租税に関する法令に規定された納税義務を適正

52　太田『会計学の40年』227頁（ないし太田『近代会計側面誌』210頁）。

53　日本税理士会連合会税理士制度沿革史編さん委員会（編）『税理士制度沿革史』5頁。

54　日本公認会計士協会25年史編さん委員会（編）『公認会計士制度25年史』142頁。

55　日本税理士会連合会税理士制度沿革史編さん委員会（編）『税理士制度沿革史』5頁。

第6章　昭和時代における会計プロフェッションの逡巡　*171*

に実現し，納税に関する道義を高めるように努力しなければならない。

第2条　税理士は，他人の求に応じ，所得税，法人税，相続税，富裕税，附加価値税，市町村民税，固定資産税，事業税，特別所得税又は政令で定めるその他の租税に関し左に掲げる事務を行うことを業とする。

　1　申告，申請，再調査若しくは審査の請求又は異議の申立，過誤納税金の還付の請求その他の事項につき代理すること。

　2　申告書，申請書，請求書その他税務官公署に提出する書類を作成すること。

　3　第1号に規定する事項につき相談に応ずること。

第3条　左の各号の一に該当する者は，税理士となる資格を有する。但し，第3号又は第4号の規定に該当する者については，更に国税若しくは地方税又は会計に関する事務に従事した期間が通算して2年以上になることを必要とする。

　1　弁護士

　2　公認会計士

　3　税理士試験に合格した者

　4　第7条又は第8条の規定による税理士試験の免除科目が第6条に掲げる試験科目の全部に及ぶ者

　……*56*

56　税理士法（昭和26年法律237号）。

なお，日本の会計史上，この頃において看過することのできないいま一つの重要なトピックは公認会計士法の公布の1年後，1949年（昭和24年）の7月9日，企業会計制度対策調査会による企業会計原則の公表だった[57]。この原則は「公認会計士監査の実施に対して確固たる基盤を与えた」[58] ことをもってその主要な役割の一つとされているが，ただし，これは次章に述べられる。

制度の輸入と内実　最初の公認会計士試験および特別公認会計士試験が実施されたのは1949年，同年中の登録数は公認会計士が57名，会計士補が26名だった[59]。

他方，「第1回特別公認会計士試験の合格発表があった直後の昭和24年9月19日，数名の合格者が中心となって，合格者同士の意見交換会の集まりを持った。集会には17名が集まり，懇談協議が進められた。最終的に，出席者全員で公認会計士会の結成に同意し……翌9月20日から公認会計士会設立のための準備活動を開始した」[60]。

やがて名称には「日本公認会計士協会」が採択され，その設立

57　千葉『日本近代会計制度』129頁。

58　佐藤孝一「企業会計原則の役割とその理論的構造」黒澤清（主編）『体系近代会計学［第1巻］　会計学の基礎概念』1959年，273頁。

59　日本公認会計士協会25年史編さん委員会（編）『公認会計士制度25年史』140〜141頁。
　　日本公認会計士協会年史編纂特別委員会（編）『50年のあゆみ』12〜13頁。

60　同上，22頁。

第6章　昭和時代における会計プロフェッションの逡巡　*173*

総会は同年10月22日に開催され，また，翌1950年（昭和25年）2月25日の臨時総会において初代の会長に選出されたのは太田だった[61,62]。

　こうして誕生をみた会計士団体は一見，自治的，自律的な組織ではあったが，しかしながら，「新設の公認会計士制度は英国のように，政治的国家から区分された市民社会の中で鍛え上げられつつ，自生的に形成されてきた制度ではなかったために，その管理もやはり行政的な管理にならざるをえなかったのであ」[63]って，その担い手はこれが公認会計士法の第35条に規定された行政委員会たる[64]会計士管理委員会のはずだった。

　しかしながら，1949年5月に公布された大蔵省設置法および大蔵省設置法の施行等に伴う法令の整理に関する法律によって「行政簡素化の趣旨から」[65]会計士管理委員会は廃され，その代わりに設けられたのは大蔵省の単なる諮問機関たる公認会計士審

61　日本公認会計士協会25年史編さん委員会（編）『公認会計士制度25年史』427〜439頁。
　　日本公認会計士協会年史編纂特別委員会（編）『50年のあゆみ』22〜23頁。
62　なお，太田は1961年（昭和36年）の7月まで11年超もの間，会長の地位にあった（日本公認会計士協会25年史編さん委員会（編）『公認会計士制度25年史』口絵）。
63　千葉『日本近代会計制度』169頁。
64　西野『現代会計監査制度発展史』130頁。
　　千葉『日本近代会計制度』169頁。
65　西野『現代会計監査制度発展史』130頁。

査会だった[66]。

　（いま一度）しかしながら，シャウプ勧告は行政委員会を求め[67]，1950年に公布された改正公認会計士法によって諮問機関たる公認会計士審査会は廃され，代わりに大蔵省の外局として公認会計士管理委員会が設けられ[68]，「これによって……従来の大蔵大臣の諮問機関であった性格を一変し，その権限が著しく強化されることになった」[69]。

　（さらにいま一度）しかしながら，1952年（昭和27年），「国会では行政機構改革に伴う諸法令改正の審議が行われ……各種の行政委員会は，審判的機能を主とするものを除きこれを廃止し，その事務は関係各省に分属させる方針のもとに立案され，公認会計士管理委員会及び証券取引委員会も廃止される10委員会の一つであった」[70]。

　そうしたなか，「両委員会は，これを存置せられたいこと，又は，金融機関に対して一局を設け厳格なる監督の下に預金者保護

---

[66]　日本公認会計士協会25年史編さん委員会（編）『公認会計士制度25年史』145頁。
　　　千葉『日本近代会計制度』169〜170頁。

[67]　日本公認会計士協会25年史編さん委員会（編）『公認会計士制度25年史』149頁。
　　　西野『現代会計監査制度発展史』130〜131頁。

[68]　原『わが国職業的監査人制度発達史』466頁。
　　　千葉『日本近代会計制度』170〜171頁。

[69]　日本公認会計士協会25年史編さん委員会（編）『公認会計士制度25年史』149頁。

[70]　同上，165頁。

に万全を期せられていると同様に，大衆投資者の保護と企業経理の確立並びにその健全明朗化のために強力なる機関を設けて，証券取引法中の関係事項を所管せしめられたいことを主張」[71]したのは日本公認会計士協会だったが，しかし，「行政機構改革は実施され，この結果，従来大蔵省の外局として設置されていた公認会計士管理委員会及び証券取引委員会は廃止され……管理委員会に属していた職務権限は原則として大蔵大臣が所掌することになり，新たに附属機関として公認会計士審査会が置かれることになった」[72]。

またもや単なる諮問機関[73]だった。

けだし，如上の転変に翻弄されつつ，また，強力な管理を自ら求めた会計プロフェッションは，しかしながら，したがって，いまだプロフェッションとして確立をみるには至っていなかった。したがってまた，例えば会計規制の担い手たりうる存在となるには至っていなかった。プライベート・セクターによる規制を求める声はいずれの方面にも聞かれず，当の未熟なプロフェッション（フレッジリング）にもその気はなかった。

既述のように，千葉によれば，「新設の公認会計士制度は英国のように，政治的国家から区分された市民社会の中で鍛え上げられつつ，自生的に形成されてきた制度ではなかった」。

別言すれば，輸入物だった。「近代日本を構成する諸制度はそ

71　同上，167頁。
72　同上，167頁。
73　千葉『日本近代会計制度』171頁。

の多くが明治維新期か第2次世界大戦後の時期に欧米から輸入された
ものであり，したがって，歴史的な背景をもたず」[74]，公認
会計士制度もその例に漏れなかった。完成品を輸入しているため，
外形は（むろん）端から完成しているものの，内実はこれから，
ということだった。

「アメリカ会計原則発達史において……直接的に重要な役割を
果たしたのは，アメリカ公認会計士協会（American Institute
of Certified Public Accountants）（AICPA）とアメリカ会計学会
（American Accounting Association）（AAA）の二つで……とくに，19
世紀末から20世紀初頭にかけて，職業会計人からなるアメリカ
会計士協会（American Institute of Accountants）（AIA）の動きには
注目すべきものがあった」[75] といった状況はこれをみることはで
きなかった。

あるいはまた，イングランド＆ウェールズ勅許会計士協会
（Institute of Chartered Accountants in England and Wales）（ICAEW）
が1942年に会計原則勧告書（Recommendations on Accounting
Principles）の公表を開始し[76]，すなわち「企業会計制度の「担い
手」たる市民社会の職業団体の手によって『会計原則勧告書』
No. 1，No. 2が公表され」[77]，やがて「各会計士団体が会計原則

74　友岡『会計士の誕生』34頁。

75　山本繁『会計原則発達史』1990年，64〜65頁。

76　山浦久司『英国株式会社会計制度論』1993年，218頁。

77　千葉準一『英国近代会計制度——その展開過程の探究』1991年，
316頁。

を公表し，それらを会員が尊重し，監査役（監査人）などとして関与する会社の会計に関する判断の基準とし，したがって会社側もそれらを尊重するというシステムが確立」[78]し，会計規制「の大部分を会計プロフェッションの自主規制（私的自治）に委ね……そのため職業会計士団体による会計基準・勧告書等の設定・公表が活発に行われ」[79]，会計基準が「プライベート・セクターである CCAB (Consultative Committee of Accountancy Bodies)（会計士団体合同諮問委員会）」[80]によって設けられるという「CCAB-ASC (Accounting Standards Committee)（会計基準委員会）体制の下での自主規制方式」[81]の確立に至ったというイギリスのような状況はこれもなかなかみることはできなかった。

　千葉によれば，一つの要留意点は昭和40年代に至ってもなお厳然とあった自律性（オートノミー）の欠如だった。

　1965年（昭和40年）に明るみに出た山陽特殊製鋼の粉飾額は131億円に達し，同社に関与していた公認会計士は，そうした粉飾の事実を熟知していながらも監査報告書において適正意見を表明していたことから，大蔵省によって登録抹消の懲戒処分を受け，また，この山陽特殊製鋼事件を首めとして同様の事件が相次ぎ[82]，そうしたなか，「告発さえも受けた企業の監査人に対しても，自

78　山浦『英国株式会社会計制度論』248頁。

79　田中弘『イギリスの会計基準——形成と課題』1991年，2頁（（　）書きは原文）。

80　同上，2頁。

81　同上，2頁。

立的にではなく，手続的にも実質的にも大蔵省に処分を申請する
かたちでしか懲戒処分をなしえない職業団体としての「日本公認
会計士協会」のオートノミーの欠如は，当時の同協会の実情を物
語っていた」[83]。

　プロフェッショナル[84]と専門家（エキスパート）は決してイコールではなく，ま
た，この両者の異同，すなわちプロフェッションの特徴には自律
性や自主規制が挙げられ[85]，「公的規制の下で働く専門家は……
プロフェッショナルとして働いているのではなく，単に専門家と
して働いているにしか過ぎない。公的規制を必要とするような者
はプロフェッショナルたりえない」[86]ともされる。

　千葉はまた，終戦直後の状況について「「監査」の主体である
「計理士協会」が，当時の市民社会において確固たる「職業団体」
としての地位を築いていたか否か，また米国的な感覚でいえば，
こうした「職業団体」が主体となってすでに形成されているはず
の，一般に公正妥当と認められた企業会計の基準が存在している

82　日本公認会計士協会 25 年史編さん委員会（編）『公認会計士制度
　　25 年史』374〜375，382〜384 頁。
　　日本公認会計士協会年史編纂特別委員会（編）『50 年のあゆみ』
　　70〜71 頁。
83　千葉『日本近代会計制度』217 頁。
84　その集合体ないし職域を意味する場合に「プロフェッション」の
　　語が用いられる。
85　友岡賛『会計学原理』2012 年，184〜185，196 頁。
86　同上，198 頁。

か否か」[87] といった言い様をしているが，そうした会計基準はその後も一向に登場をみることなく，日本にあって従前（ただし，1952年（昭和27年）以降[88]），会計基準を策定してきていた「企業会計審議会は，行政当局の諮問機関であり，いわばパブリックセクターであるがゆえに，独立性，即時性等の面において，一定の限界があると言わざるを得ない」[89] といった認識の下，「民間分野における実務的な専門知識や資源を常時・最大限結集できる枠組みの構築が必要と考えられるようになり，民間主体の会計基準設定主体設立に向けての議論が開始された」[90] のは，しかしながら，20世紀も末葉になってからのこと，既に疾うに昭和は終わっていた[91]。

87　千葉『日本近代会計制度』167頁。

88　注記1）をみよ。

89　財務会計基準機構 ASBJ/FASF10年史編集委員会『ASBJ/FASF10年史』2012年，4頁。

90　同上，2頁。

91　同上，2〜3頁。

第7章　近代会計制度の成立

　昭和期の日本はそこにわれわれは近代会計制度の成立をみることができるのか。この問い掛けを軸に昭和の日本会計史をもって辿る。

企業会計制度対策調査会と企業会計基準法・会計基準委員会構想

　会計史家の千葉準一によれば，戦後の出発点は，企業会計原則に非ず，企業会計制度対策調査会だった[1]。

　あるいはまた，当事者の黒澤清によれば，日本の会計原則について「ほんとうのルーツをたずねるということになると，会計基準法および会計基準委員会の構想のなかに求めなければならない。それはけっきょく，文字どおりの意味では実現しなかったので，今日では，当時の関係者を除けば，誰も知らないかくれた歴史となってしまったのである」[2]。

1　千葉準一「日本の会計基準と企業会計体制」千葉準一，中野常男（責任編集）『体系現代会計学［第9巻］　会計と会計学の歴史』2012年，464頁。

2　黒澤清「史料・日本の会計制度＜2＞」『企業会計』第31巻第2号，1979年，98頁。

182

　戦後初期，打ち出されたのは「『企業会計基準法』を制定し，それらを根拠法として「会計基準委員会」を設置するという構想」[3]すなわち企業会計基準法・会計基準委員会構想だった（ただし，委員会の名称はやがて「企業会計基準委員会」とされた）。

　「戦後日本の財務諸表公開制度形成の直接の「担い手」は，財務諸表の作成者たる企業でも，また会計職業団体でもなく，当時の経済安定本部財政金融局に設置された「企業会計制度対策調査会」であったといわれている」[4]が，1948 年（昭和 23 年）に「企業会計に関する，独立した，恒久的な，内閣総理大臣直属の委員会の設置のための調査会」[5]として設けられたこの調査会は「調査会」と称されてはいたものの，「企業会計改善の組織設立のため必要な調査並に準備を行うものと」[6]され，そこにおいては「1930 年代初頭の『商工省準則』[7]が……企業会計ルール……としては当時の世界の標準レベルであったにもかかわらず，それ自体が法制化されなかったことの反省が」[8]行われ，すなわち「企業会計基準の確立と維持のために恒久的な委員会を設置する必要」[9]がある旨が主張され，「紆余曲折を経ながらも，1948 年 11

3　千葉準一『日本近代会計制度──企業会計体制の変遷』1998 年，107 頁。

4　同上，105〜106 頁。

5　千葉「日本の会計基準と企業会計体制」464 頁。

6　黒澤「史料・日本の会計制度＜ 2 ＞」99 頁。

7　第 4 章を参照。

8　千葉『日本近代会計制度』118 頁。

9　同上，117 頁。

月 19 日付で企業会計基準法要綱（試案）が策定された」[10]。

　　「この法律は，企業の経営を公明且つ合理的にするため，企業会計の基準を確立し，維持し，これに関する行政の綜合調整と教育の普及発達を図り，以て国民経済の健全にして民主的な発達を促進することを目的とする」[11]。
　　「この法律の目的を達成するため，企業会計基準委員会を置く」[12]。
　　この「委員会は，企業会計の基準並びにその監査及び教育の基準の設定，及び企業会計に関する行政の綜合調整に関する事項を掌る」[13]。

　しかしながら，如上の試みはやがて潰える運命にあった。「いろいろな理由があったのであろうが，けっきょく陽の目をみないまま消え去った」[14]。いずれの省庁も企業会計基準委員会を引き受けようとはせず，畢竟，この委員会はその設置場所の行政機関を見出すことができなかった[15]。

10　千葉「日本の会計基準と企業会計体制」464 頁（（　　）書きは原文）。
11　千葉『日本近代会計制度』123 頁。
12　同上，123 頁。
13　同上，123 頁。
14　黒澤清「企業会計制度の発展と企業会計原則の役割」『企業会計』第 30 巻第 12 号，1978 年，7 頁。
15　千葉『日本近代会計制度』125〜129 頁。
　　千葉「日本の会計基準と企業会計体制」466 頁。

企業会計原則の設定　企業会計基準法・会計基準委員会構想の実現が危ぶまれるなか，他方，進められていたのは企業会計原則と財務諸表準則の策定だった。この原則と準則が公表をみたのは1949年（昭和24年）は7月9日のことだった[16]。

翌年には監査基準が後続し，結局，「経済安定本部時代の企業会計制度対策調査会の主要な業績は，昭和24年の企業会計原則および昭和25年の監査基準の制定である」[17]ということとなり（ただし，監査基準の制定は改組後の企業会計基準審議会による），ここに至る経緯は黒澤によって以下のようにまとめられている。

　　「昭和22年12月ごろ，上野道輔教授を中心として，私ども関係者が展開した「会計基準法」の制定ならびに「会計基準委員会」の設置に関する運動はけっきょく挫折した。我々の企図によれば，はじめ会計基準法を設定して，その総則に，今日の「企業会計原則」の一般原則を規定し，それを土台として，財務諸表の基礎をなす諸原則を，コモン・ロー的方法によって確立しようと企画したのであった」[18]。
　　「会計基準法に基づいて，会計基準委員会を設置し，証券取引委員会と協力して，公認会計士制度の新設，会計士監査制

16　千葉『日本近代会計制度』129頁。

17　黒澤清「史料・日本の会計制度＜3＞」『企業会計』第31巻第3号，1979年，100頁。

18　黒澤清「史料・日本の会計制度＜16＞」『企業会計』第32巻第4号，1980年，91頁。

度の創始，その充実化，会計原則の維持，確保をはかること
が期待された。しかしついに，会計基準法は不成立に終わり，
会計基準委員会の設置は実現しなかった。……代わりに，企
業会計制度対策調査会……によって，「企業会計原則」が作
成され，公表される結果となったのである。……企業会計制
度対策調査会は，「企業会計原則」を公表した翌年，昭和25
年に企業会計基準審議会と改称し，証券取引委員会との協力
態勢を強化したが，企業内容開示制度に対する財界の抵抗が
強く，アメリカのSECのごとき強力な機能を発揮すること
は，きわめて困難な状況のもとに置かれていたのが実情で
あった」[19]。

とはいえ，「しかし会計基準法の構想が，企業会計原則を生み
出す原動力の一つであったことは，事実であり……そのような構
想が「企業会計原則」生成の基礎をなしたことは，否定できない
のである」[20]。

なお，如上の企業会計原則の公表は企業会計制度対策調査会に
よる中間報告としてなされたが，このことについて千葉は次のよ
うに頗る拘っている。

「企業会計原則が最終稿であったにもかかわらず中間報告と
いう表現で公表されたのは，本原則が近い将来，企業会計基

19　同上，91頁。
20　黒澤「企業会計制度の発展と企業会計原則の役割」7頁。

準法に基づいて最終的に設定されるまでの，中間的・先鋒的なものであるという意味をも含んでいたのではないかと思われてならないのである」[21]。

企業会計原則，S. H. M. 会計原則，黒澤清

ところで，かくて公表された企業会計原則についてはつとにぱくり疑惑があり，すなわち『S. H. M. 会計原則』との類似性がつとに指摘されている。

ハスキンズ＆セルズ財団（Haskins & Sells Foundation）の1935年の委嘱によってハーバード大学のトーマス・ヘンリー・サンダース（Thomas Henry Sanders），カリフォルニア大学のヘンリー・ランド・ハットフィールド（Henry Rand Hatfield），およびエール大学のアンダーヒル・ムーア（Underhill Moore）[22] をもって構成される委員会が起草し，1938年にアメリカ会計士協会（American Institute of Accountants）（AIA）によって公表された[23] *A Statement of Accounting Principles*，通称『S. H. M. 会計原則』については「周知のように，この「SHM 会計原則」は，わが国の企業会計原則を設定するにあたって大きな影響を与えたものである」[24] とされ，例えば次のようにもいわれている。

21　千葉「日本の会計基準と企業会計体制」467頁。

22　Thomas Henry Sanders, Henry Rand Hatfield, and Underhill Moore, *A Statement of Accounting Principles*, 1938, t. p.

23　山本繁，勝山進，小関勇（訳）『SHM 会計原則』1979年，3〜6頁。山本繁『会計原則発達史』1990年，81頁。

24　同上，78頁。

「企業会計原則が発表されて以来，その内容がS. H. M. 会計原則と類似していることがしばしば指摘された。なるほど……は両者に共通している。またS. H. M. 会計原則は……と規定し……それに呼応するかのように，企業会計原則は……を掲げている。……その他にも類似点が多くみられる」[25]。

ただしまた，しかしながら，当の黒澤は随所において懸命にこの疑惑を否定している。

「「企業会計原則」は，けっしてS. H. M 会計原則にのみ準拠して構成されたものではなく……」[26]。

「それは，たまたま，SHM会計原則のそれと同じになった。しかしSHM会計原則の構成を，そのまま採用したのとは，まったく異なる。この点については，一般の誤解を是非解いておきたい」[27]。

なお，本書にあってこれまでは被引用文献の著者として頻繁に登場をみてきた黒澤は，しかし，ここに至って日本会計史の対象ないし日本会計史の登場人物として扱われることとなるが，「黒

25　植野郁太「S. H. M. 会計原則との出合い」山本繁，勝山進，小関勇（訳）『SHM会計原則』1979年，（8）頁。

26　黒澤清『近代会計学（新版）』1960年，285頁。

27　黒澤清「史料・日本の会計制度＜9＞」『企業会計』第31巻第9号，1979年，148頁。

澤先生……の研究の実社会における最もみごとな結実は，企業会計原則の公表に，これをみいだすことができる」[28] とされ，ときに企業会計原則の「生みの親」[29,30] とも称される黒澤は 1926 年（大正 15 年）に東京帝国大学の文学部，1928 年（昭和 3 年）には同大学の経済学部を卒業し，同年，中央大学講師となり，同大学教授を経て，1937 年（昭和 12 年）に横浜高等商業学校教授に就き，1949 年（昭和 24 年）より東北大学教授を兼任，同年に横浜国立大学教授に就任，同大学の学長を経て定年退職後，獨協大学教授に就き，同大学の学長も務め，また，日本会計研究学会の会長，日本原価計算研究学会の会長，企業会計審議会の会長等を歴任している[31]。

企業会計原則の設定趣意と役割

「企業会計原則の設定について」と題する企業会計原則の前文は設定の趣意等について次のように述べている。

---

28 日本会計学会（編）『黒澤清先生還暦記念論文集 近代会計学の展開』1963 年，「序」2 頁。

29 新井益太郎『会計士監査制度史序説』1999 年，25 頁。

30 ただし，新井益太郎によれば，「黒澤教授がややともすると「企業会計原則」だけの，岩田（巌）教授が「監査基準」だけの生みの親というそれだけの評価が与えられるとすれば，これは大きな誤りであり，お二人が支えあって，全き制度ができ上ったと見ることが正しい」（同上，25 頁）。

31 日本会計学会（編）『近代会計学の展開』「黒澤清略歴」1〜3 頁。新井益太郎『私の知る会計学者群像』2005 年，70〜71 頁。

一　我が国の企業会計制度は，欧米のそれに比較して改善の余地が多く，且つ，甚しく不統一であるため，企業の財政状態並びに経営成績を正確に把握することが困難な実情にある。我が国企業の健全な進歩発達のためにも，社会全体の利益のためにも，その弊害は速かに改められなければならない。

　　又，我が国経済再建上当面の課題である外資の導入，企業の合理化，課税の公正化，証券投資の民主化，産業金融の適正化等の合理的な解決のためにも，企業会計制度の改善統一は緊急を要する問題である。

　　仍って，企業会計の基準を確立し，維持するため，先ず企業会計原則を設定して，我が国国民経済の民主的で健全な発達のための科学的基礎を与えようとするものである。

二　1　企業会計原則は，企業会計の実務の中に慣習として発達したもののなかから，一般に公正妥当と認められたところを要約したものであって，必ずしも法令によって強制されないでも，すべての企業がその会計を処理するに当って従わなければならない基準である。

　　2　企業会計原則は，公認会計士が，公認会計士法及び証券取引法に基き財務諸表の監査をなす場合において従わなければならない基準となる。

　　3　企業会計原則は，将来において，商法，税法，物価統制令等の企業会計に関係ある諸法令が制定改廃される場合において尊重されなければならないものである。

三　企業会計原則に従って作成される財務諸表の体系は，次

190

の通りである。

損益計算書

剰余金計算書

剰余金処分計算書

貸借対照表

財務諸表付属明細表

（注）　現行商法の規定に基き，財産目録を作成する必要
　　　　ある場合は，この原則に準じて作成するものとする。

四　財務諸表準則は，企業会計原則を適用した場合における
　　財務諸表の標準様式及び作成方法を定めたものである[32]。

　また，企業会計原則設定の5年後，1954年（昭和29年）にこ
の原則に部分修正が行われることとなった際に「生みの親」の黒
澤は「公認会計士制度の樹立と関連して，公認会計士による会社
の財務諸表監査のためのよりどころとなるべき基準を与えたこと。
……商法における会社の会計に関する規定の改正に対して重要な
影響を与えたこと。……税法における企業所得計算の原則の改正
に対して重要な影響を与えたこと」[33]の3点をもってこの5年間
にこの原則が果たしてきた役割として挙げ，さらに5年後，企業
会計制度対策調査会の委員に当初から名を列ねていた佐藤孝一
（早稲田大学教授）[34]は，如上の黒澤の3点を踏まえつつ，「企業
会計原則が今日まで果してきた役割（及び今後も当然果すべき役

────────────

32　昭和24年経済安定本部企業会計制度対策調査会中間報告。

33　黒澤清「企業会計原則の部分修正並に企業会計原則注解につい
　　て」『企業会計』第6巻第8号，1954年，1～2頁。

割）……のうちで特に主要な事項」[35] として「企業会計の客観性を強化し，財務諸表の信頼性を高めた。……企業会計の改善発達と財務諸表の様式統一化に重大な寄与をした。……公認会計士監査の実施に対して確固たる基盤を与えた。……商法の会社計算関係に重要な影響を与えた。……税法の所得計算理念に重要な影響を与えた。……経営分析を可能にし，その質的発展を促進せしめた」[36] の 6 点を挙げている。

なおまた，例えば「黒沢清博士は企業会計原則の作成者であり……山下勝治博士は「企業会計原則の理論」を通じて微に入り細にわたる解説者の役割を果しておられた」[37] とされる山下勝治（神戸大学教授）は「わが国において，企業会計の拠るべき一定の基準を設けようとする考え方は可成り古くから存在している。……その一般的基準として早くからとり上げられているものには，昭和 9 年 8 月，臨時産業合理局の制定した「財務諸表準則」が存しており，その後には……が存し……さらに……等がみられている」[38] としつつ，「しかしながら」と続けている。

34　黒澤清「史料・日本の会計制度＜ 4 ＞」『企業会計』第 31 巻第 4 号，1979 年，100～101 頁。

35　佐藤孝一「企業会計原則の役割とその理論的構造」黒澤清（主編）『体系近代会計学［第 1 巻］　会計学の基礎概念』1959 年，272 ～273 頁（（　）書きは原文）。

36　同上，273 頁。

37　松本正信「山下勝治博士の会計理論について」山下勝治先生追悼記念事業会（編）『追憶──山下勝治先生を偲ぶ』1971 年，38 頁。

38　山下勝治『企業会計原則の理論』1956 年，3 頁。

「しかしながら，これら会計に関する基準ないし準則の制定
は，いずれも，その時代の歴史的必要に応じ，それぞれ特性
の目的をもつものとして考えられ，主として，会計の報告形
式としての財務諸表に関する規定である点において特色をも
つ。しかるに，昭和24年，経済安定本部，企業会計制度対
策調査会の中間報告として発表された「企業会計原則」並び
に「財務諸表準則」は，より一般的にして基本的な企業会計
の基準を提示し，これによって，わが国における企業会計制
度の一般的な改善統一を企図することを直接の目標とする。
それは，その制定の目標において，その本質において，その
内容において，またその領域において，従来のそれと根本的
に異るものである。……また，企業会計原則は単に会計の形
式としての財務諸表の領域に止まるべきものではなく，会計
処理のための一般的基準を提示することが必要となることは
いうまでもない。その点において，かつて制定した産業合理
局「財務諸表準則」のそれと根本的に異なり，企業会計の形
式と実質，その計算の全領域にわたる一般基準が示されてい
るところにもまた，この企業会計原則のもつ特徴がみられる
ものである。企業会計原則がアカウンティング・プリンシプ
ルとリポーティング・プリンシプルとを有機的に綜合したも
のであると考えられるゆえんである」[39]。

ただし，山下いわく，「「企業会計原則」の成功は，そのもつ理

---

[39] 同上，4～5頁。

第 7 章　近代会計制度の成立　193

論のせいであるというよりも，むしろある種の権威の前には従順
であり，盲目的に権威に依存して生きようとする不名誉な国民性
の然らしめたところのものであるといった方が適切でもあろう」[40]。
　「盲目的」は「絶対視」[41] であって企業会計原則「絶対視」は
やがて「創造性の欠如」[42] をもって結果する[43]。

近代会計制度の
成立と会計士監査

「つねに「監査」を意識する。これが友岡
会計学の本性でもある」[44] ともされる友岡
説によれば，近代会計制度は会計士監査制
度の成立をもって成立する。別言すれば，近代会計制度は，会計
プロフェッションによる監査，という制度の成立をもって完成す
る。

　「近代会計制度」とは何か。いや，そのまえに，そもそも「制
度」とは何か。制度とは，社会的な定着性をもった約束，である。
「近代会計制度」とは何か。近代会計制度とは，財産管理に関す
る委託・受託の関係（資本と経営の分離という状況）において，受
託者（経営者）は会計を行い，監査を受け，監査人には会計プロ

40　同上，「序」2 頁。

41　日本会計研究学会特別委員会「企業会計原則と商法計算規定」新
　井清光（編著）『企業会計原則の形成と展開』1989 年，36 頁。

42　川北博「企業会計原則の見直しについて」『企業会計』第 39 巻第
　9 号，1987 年，33 頁。

43　日本会計研究学会特別委員会「企業会計原則と商法計算規定」36
　～38 頁。

44　茂木虎雄「友岡賛著『歴史にふれる会計学』（書評）」『書斎の窓』
　第 464 号，1997 年，67 頁

フェッションを充てる，という約束事が社会的な定着性をもった
ものである[45]。

　この近代会計制度は，したがってまた，会計プロフェッション
による監査，という制度の成立（会計プロフェッションを監査人に
充てる，という約束事が社会的な定着性をもつこと）をもって完成
する[46]。

　なおまた，そうした会計プロフェッションによる監査（会計士
監査）の意義は，プロフェッショナリズムをもって監査（監査人）
の独立性と専門性が担保され，しかも，それが資格・肩書きに
よって可視化される，ということにある[47]が，さて，日本におけ
る会計士監査の制度はどのようにもたらされたのか。

　　「戦後日本の外部監査制度が，戦前の商法・内部監査からの
　　展開過程で登場したものなのか，それとも戦時会社経理統制
　　期の会計監督官制度が，戦後の「統制の緩和」過程の中で展
　　開されたものなのか，または戦後にまったく新たに登場した
　　ものなのかは，今日においても未解決の重要問題のひとつで
　　ある」[48]。

---

[45]　友岡賛『会計の時代だ──会計と会計士との歴史』2006 年，28〜
　　29 頁。
[46]　近代会計制度については下記のものをも参照。
　　友岡賛『近代会計制度の成立』1995 年，プロローグおよびエピ
　　ローグ。
[47]　友岡『会計の時代だ』19〜23 頁。
　　友岡賛『会計学原理』2012 年，第 5 章。

第 7 章　近代会計制度の成立　*195*

　ただし，企業会計原則の「生みの親」によれば，企業会計原則は公認会計士監査制度の「生みの親」だった。

　すなわち，日本における企業会計原則の生成プロセスは，黒澤によれば，「アメリカやイギリスにおける会計原則の生成のプロセスとは，いちじるしくその由来を異にしていた」[49] とされ，さらに次のように説明される。

　　「当時わが国では，まだ実質的に公認会計士制度は存在せず（公認会計士法は，制定されたが，その監査はまだ開始されていない），財務諸表の開示の制度もなければ，公共独立の監査人による監査も実施されていなかった。公開株式会社の公表財務諸表の制度は，「企業会計原則」（ならびに後に制定された「監査基準」）を通じて，次第に培われて行ったのである。この点からいうと，「企業会計原則」は，公認会計士監査の制度の生みの親，あるいは，育ての親であると言ってもさしつかえないだろう」[50]。

　「生みの親より育ての親」という成句からすると，「生みの親，あるいは，育ての親」という言い様には違和感がないでもないが，揚げ足取りはさて措き，こうした英米との異同ないし日本の特殊性については例えば1978年（昭和53年）に日本会計研究学会の第37回大会において「財務会計の今後の課題──会計基準の設

48　千葉『日本近代会計制度』104頁。

49　黒澤「企業会計制度の発展と企業会計原則の役割」6頁。

50　同上，6頁（（　）書きは原文）。

定をめぐる諸問題」という統一論題の下，報告者に名を列ねた中島省吾（国際基督教大学教授）[51] も次のように述べている。

　「一般に，他の経済先進国において会計基準が整備されるについては，それ以前に，会計監査実務の相当の歴史があり，そこでの経験をふまえて会計基準が要求され，生成発展するのが常であったと考えてよかろう。それに対して，わが国の企業会計原則の場合には，占領行政下の特殊な状況のもとで，まず企業会計原則が公表され，それをもとにして公認会計士監査が発足した。……このような経過をふりかえってみると，わが国の企業会計原則が果した開拓的，呼び水的な役割は非常に大きかったことを痛感させられる」[52]。

　いずれにしても，定められた順序は1948年に公認会計士法，1949年に企業会計原則，そして1950年に監査基準，これで3点セットだった。

　他方また，1950年の3月に公布された証券取引法の一部を改正する法律は下記の第193条の2をもって新設，すなわち法定会計士監査の誕生だった。

　第193条の2　証券取引所に上場されている株式の発行会社

51　番場嘉一郎（座長）「財務会計の今後の課題──会計基準の設定をめぐる諸問題」『會計』第115巻第2号，1979年，129頁。

52　中島省吾「会計基準設定の理念と手続」『會計』第115巻第2号，1979年，55頁。

その他の者で証券取引委員会規則で定めるものが，この法律の規定により提出する貸借対照表，損益計算書その他の財務計算に関する書類には，その者と特別の利害関係のない公認会計士の監査証明を受けなければならない。……53

監査基準の設定　企業会計制度対策調査会は1950年の5月に改組されて企業会計基準審議会となり54，同年の7月，この審議会によってこれも中間報告として公表された「かなり啓蒙的な」55 監査基準の前文「財務諸表の監査について」は「監査の意義」と題する節において次のように述べている。

　ここに監査とは，企業が外部に発表する財務諸表について，職業的監査人がこれを行う場合に限るものとする。

　この種の監査の目的は，財務諸表が「企業会計原則」に準拠して作成され，企業の財政状態及び経営成績を適正に表示するか否かにつき，監査人が，職業的専門家としての意見を表明して，財務諸表に対する社会一般の信頼性を高めることである。従って監査人は，財務諸表に対する自己の意見につき妥当な根拠を与えるため，職業的専門家として当然払うべ

53　証券取引法の一部を改正する法律（昭和25年法律第31号）。

54　千葉『日本近代会計制度』175頁。
　　新井清光『日本の企業会計制度──形成と展開』1999年，79頁。

55　日本公認会計士協会年史編纂特別委員会（編）『50年のあゆみ』2000年，19頁。

き注意をもって監査手続を選択適用し，合理的な証拠を確か
めなければならない。

監査人は，財務諸表に対する自己の意見につき責任を負う
のみであって，財務諸表の作成に関する責任は，企業の経営
者がこれを追わなければならない。従って，監査人が財務諸
表に対して助言勧告を与え，又は自らその作成に当ることが
あるにしても，その採否は企業の経営者が決定するのであり，
監査人はこれを強制することはできない[56]。

また，「監査基準の設定について」は次のように述べている。

監査基準は，監査実務の中に慣習として発達したもののな
かから，一般に公正妥当と認められたところを帰納要約した
原則であって，職業的監査人は，財務諸表の監査を行うに当
り，法令によって強制されなくとも，常にこれを遵守しなけ
ればならない。
……
監査に関してかかる基準を設定する理由は次のとおりであ
る。
(1) 監査は，何人にも容易に行いうる簡単なものではなく，
相当の専門的能力と実務上の経験とを備えた監査人にして
はじめて，有効適切にこれを行うことが可能である。又監
査人は何人にも安んじてこれを委せうるものではなく，高

---

56 昭和 25 年経済安定本部企業会計基準審議会中間報告。

度の人格を有し，公正なる判断を下し得る立場にある監査人にしてはじめて，依頼人は信頼してこれを委任することができるのである。従って監査人の資格及び条件について基準を設けることは，監査制度の確立及び維持のために欠くべからざる要件である。

……[57]

　さらにまた，監査基準の第1の区分，監査一般基準は監査人の要件について次のように述べている。

　第一　監査一般基準
　　一，企業が発表する財務諸表の監査は，監査人として適当な専門的能力と実務経験を有し，且つ，当該企業に対して特別の利害関係のない者によって行われなければならない。

……[58]

　監査基準の「生みの親」[59,60]ともされる岩田巖（一橋大学教授（監査基準公表時には東京商科大学教授））はこの基準の啓蒙的な役割について次のように述べている。

---

[57]　同上。

[58]　同上。

[59]　新井『会計士監査制度史序説』25頁。

[60]　注記30）をみよ。

「監査基準は単に職業的監査人のために設定されたものだけではない。専門家でないその他の人々のことも充分考慮して作成されたのである。すなわち監査についての素人にも監査の意義，効果，または手続をできるだけ正しく認識せしめ，監査に対する理解を深からしめることを一つの重要な目標としているのである。……一体監査制度の円滑なる運営ということは，監査人が如何に頑張ってみても，不可能であって，各方面の理解と協力をまって始めて可能となるのである。この意味において，監査基準は多分にその啓蒙的な役割をも配慮して設定されている。……この基準の構成は 1947 年 10 月に発表された米国会計士協会の監査手続委員会による監査基準の体系に範をとったものである……が，必らずしも同一というわけではない。米国の基準よりくわしく内容を分けて規定している部分もあれば，啓蒙的意味において追加された定義的規定もある。米国の基準は主として専門家を対象として規定されているもののようであるが，わが国の基準は前述のように一般の人々を相手としているので，おのずから規定の仕方に相違が生ずるのは当然である」[61]。

法定監査と監査法人　　証券取引委員会によって 1951 年（昭和26 年）3 月に公布された財務書類の監査証明に関する規則は下記のように定め，すなわち，法定監査は同年 7 月 1 日以降に始まる事業年度から，ということだった。

61　岩田巌『会計士監査』1954 年，88〜91 頁。

証券取引法第193条の2第1項から第3項までの規定に基き，財務書類の監査証明に関する規則を次のように定める。

第1条　証券取引法第193条の2第1項に規定する者は，左に掲げる会社とする。

　1　証券取引所に上場されている株式の発行会社

　……

第2条　法第193条の2第1項に規定する特別の利害関係とは，左の各号の一に該当する関係をいう。

　……

　　附則

　1　この規則は，昭和26年7月1日から施行し，この規則施行の日以後に始まる事業年度から適用する。

　……[62]

　かくて開始されることとなった法定監査は，しかしながら，直ちに正規の財務諸表監査を行うことは尚早とされたため，初度監査は「会計制度監査」と称される会計制度の整備および運用の状況の検査に止められ，次年度の監査も会計制度の運用状況の検査に止められ，第3次の監査にあっては内部監査制度の確立のためにする検査が重視され，第4次，第5次を経て，正規の財務諸表監査は漸う1957年（昭和32年）1月1日以降に開始される事業年度からのことだった[63]。

62　証券取引委員会規則第4号。

「法定監査は 26 年から初まったが，当初は単に会計制度の完全なるかどうか，またそれが如何に運用せられているかを検閲することであった。事実公認会計士は各会社の経理規程の作成を指導するに忙殺されていたのである。それから数年，漸次に監査の範囲を拡大してゆき，終に昭和 31 年度（正しくは昭和 32 年度）から正規の財務諸表監査を実施することになった」[64]。

公認会計士の協同組織体が必要との主張はつとにみられたが，1965 年（昭和 40 年）頃以降，前章に言及された山陽特殊製鋼の事件を首めとして粉飾倒産事件が相次ぐに至り，これを受けて監査制度の強化，組織的監査の導入を求める声が高まりをみ，大蔵省からの依頼によって検討した結果，公認会計士審査会が監査法人という協同組織体が必要である旨を答申したのは 1965 年 11 月のことだった。この答申を受けて大蔵省は翌 1966 年（昭和 41 年）に公認会計士法の改正案を国会に提出，この改正法の施行は同年 7 月のことだった[65]。

63　西野嘉一郎『現代会計監査制度発展史──日本公認会計士制度のあゆみ』1985 年，108〜113 頁。

　　新井『会計士監査制度史序説』55〜176 頁。

　　日本公認会計士協会年史編纂特別委員会（編）『50 年のあゆみ』36 頁。

64　太田哲三『近代会計側面誌──会計学の 60 年』1968 年，231 頁。

65　西野『現代会計監査制度発展史』第 9 章。

　　日本公認会計士協会年史編纂特別委員会（編）『50 年のあゆみ』76〜77 頁。

翌1967年（昭和42年）1月，誕生をみた第1号の監査法人は監査法人太田哲三事務所，その構成は社員が8名，有資格の使用人が12名だった[66]。

ちなみに，その沿革は太田昭和監査法人，監査法人太田昭和センチュリー，新日本監査法人を経て新日本有限責任監査法人に至っている。

近代会計制度はまだ　かつて筆者は19世紀末のイギリスに近代会計制度の成立をみ[67]，それは前々々項に概説されたようなものだったが，そうしたイギリスの状況と昭和期日本の状況には，むろん，種々の点において異同が認められる。

われわれはそのかみの日本に近代会計制度の成立をみることができようか。

企業会計制度対策調査会は1950年に改組されて企業会計基準審議会となり，1952年には同審議会が廃されて企業会計審議会が設けられ[68]，爾来，日本における会計基準の設定を担う企業会計審議会はパブリック・セクターの機関として捉えられが，これについては「いわゆるパブリック・セクターたる企業会計審議会が企業会計原則の設定主体とされていることについては，そこに特有の問題が内在していることも否定できない」[69]ともされ，昭

66　原征士『わが国職業的監査人制度発達史』1989年，474頁。

67　友岡『近代会計制度の成立』。

68　第6章の注記1）をみよ。

和期もその末葉，55年（1980年）前後以降，会計基準の設定主体に関する［パブリック・セクター vs. プライベート・セクター］の議論がかなり活発に展開されるに至った[70]。

　他方，会計規範については，それを会計法令とするか，はたまた会計基準とするか，という［制定法規範 vs. 慣習規範］の議論もあり[71]，「会計規範の法令化を避けようとする考え方は，とくに英国や米国などのいわゆる英米法系の国にみられ，またそれは職業会計士のプロフェッショナリズムによって強く支えられてきていると考えられ……また，それらが，会計規範の形成主体に関するプライベイト・セクター支持論の強力な背景にもなってきているといえよう」[72] が，ただし，制定法規範が選択される場合にはその設定主体はパブリック・セクターに限られることとなる[73]。

　いずれにしても，［パブリック・セクター vs. プライベート・セクター］の議論においてプライベート・セクター支持論の挙げる候補の一つは会計士団体，すなわち日本公認会計士協会だったが，しかしながら，例えば前出の中島の1978年の学会報告によれば，「日本公認会計士協会が会計基準の設定の担当機関となっ

---

[69]　日本会計研究学会特別委員会「企業会計原則と商法計算規定」39頁。

[70]　新井清光「我が国における会計職能の将来——主として会計規範の領域について」新井清光（編著）『企業会計原則の形成と展開』1989年，135頁。

[71]　同上，126〜127頁。

[72]　同上，127頁。

[73]　同上，135〜136頁。

た場合に社会各層の支持と信頼を確保しつづけることができるかどうか疑問視され」[74]，その理由は「公認会計士の立場に内包されるディレンマに」[75] あり，「公認会計士は，情報の要求者もしくは利用者と，その作成報告責任者である企業とのいずれからも独立した，第三者的な立場に立っている。しかし，同時に，その業務報酬を企業から受けとっているという点において，特異なディレンマを抱えている」[76] とされ，他方また，1984 年（昭和 59 年），当時，日本公認会計士協会の会長職にあった川北博[77] は「企業会計原則は誰のために存在するか」と題する論攷において同協会が会計基準の設定主体となる可能性をもって完全に否定し[78] つつ，「会計原則は，単に公認会計士だけの為にあるのではない」[79] としている。

　中島のいう「ディレンマ」はつとに指摘されてきている周知の論点であり，叙上の中島説は，畢竟するに，公認会計士には独立性・第三者性において疑義があるがためにその団体は会計基準の設定主体に相応しくない，ということになろうが，他方，川北の説は，けだし，如上の「ディレンマ」およびこれに基因する独立

74　中島「会計基準設定の理念と手続」63 頁。

75　同上，63 頁。

76　同上，58 頁。

77　日本公認会計士協会年史編さん委員会（編）『公認会計士制度 35 年史――最近の 10 年』1988 年，口絵。

78　川北博「企業会計原則は誰のために存在するか――原則形成に対する日本公認会計士協会の役割」『企業会計』第 36 巻第 1 号，1984 年，181 頁。

79　同上，182 頁。

性・第三者性の疑義の類いは意識することなく，「会計原則は，単に公認会計士だけの為にあるのではない」とし，「会社はもとより，政府，取引関係者，労働団体などすべての利害関係者のために存在する」[80] と続けており，プロフェッショナルたるべき公認会計士をもって自ら（むろん，川北は公認会計士）「利害関係者」に含めている点が洵に情けない。

プロフェッショナリズムはここにこれをみることはできない。

川北はまた，叙上のように，彼の協会が会計基準の設定主体となる可能性をもって完全に否定しつつも，設定主体の「補完的機能を果たす」[81] 可能性には言及しているが，しかし，「しかし，その機能はあくまでも経過的・補完的であり，またあるべきである。JICPA（日本公認会計士協会）は，それを超えて機能しようとするほど stupid ではない」[82] と続けている。

日本にあって永年，会計基準を策定してきていた「企業会計審議会は，行政当局の諮問機関であり，いわばパブリックセクターであるがゆえに，独立性，即時性等の面において，一定の限界があると言わざるを得ない」[83] といった認識の下，「民間分野における実務的な専門知識や資源を常時・最大限結集できる枠組みの構築が必要と考えられるようになり，民間主体の会計基準設定主

80 　同上，182 頁。
81 　同上，182 頁。
82 　同上，182 頁。
83 　財務会計基準機構 ASBJ/FASF10 年史編集委員会『ASBJ/FASF10 年史』2012 年，4 頁。

体設立に向けての議論が開始された」[84] のは 20 世紀も末葉になってからのこと，既に疾うに昭和は終わっていた[85]。

---

84 同上，2 頁。

85 同上，2〜3 頁。

文献リスト

安藤英義『商法会計制度論——商法会計制度の系統的及び歴史的研究』国元書房，1985 年。

新井清光「我が国における会計職能の将来——主として会計規範の領域について」新井清光（編著）『企業会計原則の形成と展開』中央経済社，1989 年。

新井清光『日本の企業会計制度——形成と展開』中央経済社，1999 年。

新井益太郎「東奭五郎」黒澤清（編集代表）『会計学辞典』東洋経済新報社，1982 年。

新井益太郎『会計士監査制度史序説』中央経済社，1999 年。

新井益太郎『私の知る会計学者群像』中央経済社，2005 年。

番場嘉一郎（座長）「財務会計の今後の課題——会計基準の設定をめぐる諸問題」『會計』第 115 巻第 2 号，1979 年。

ブライヤント（H. B. Bryant），スタラットン（H. D. Stratton）／福澤諭吉（訳）『帳合之法　初編』慶應義塾出版局，1873 年。

ブライヤント（H. B. Bryant），スタラットン（H. D. Stratton）／福澤諭吉（訳）『帳合之法　二編』慶應義塾出版局，1874 年。

ブライヤント（H. B. Bryant），スタラットン（H. D. Stratton）／福澤諭吉（訳）／水野昭彦（現代語訳）『帳合之法』水野昭彦，2009 年。

フランソア・カロン（François Caron）／幸田成友（訳著）『日本大王国志』東洋文庫，1967 年。

千葉準一『英国近代会計制度——その展開過程の探究』中央経済社，1991 年。

千葉準一『日本近代会計制度——企業会計体制の変遷』中央経済社，1998 年。

千葉準一「日本の会計基準と企業会計体制」千葉準一，中野常男（責任編集）『体系現代会計学［第 9 巻］　会計と会計学の歴史』中央経済社，2012 年。

E. G. Folsom, *The Logic of Accounts: A New Exposition of the Theory and Practice of Double-entry Bookkeeping, Based in Value, as Being of Two Primary Classes, Commercial and Ideal: and Reducing All Their Exchanges to Nine Equations and Thirteen Results*, A. S. Barnes & Co., 1873.

福澤諭吉『学問のすゝめ　二編』福澤諭吉，1873 年。

福澤諭吉『福澤全集緒言』時事新報社，1897 年。

福澤諭吉『福翁自伝』時事新報社，1899 年。

原田奈々子「明治初期における複式簿記受容の歩みと『帳合之法』の貢献」『杏林社会科学研究』第 19 巻第 3 号，2003 年。

原征士『わが国職業的監査人制度発達史』白桃書房，1989 年。

原俊雄「わが国簿記理論における収支観──下野理論の検討」『横浜経営研究』第 37 巻第 1 号，2016 年。

橋本武久『ネーデルラント簿記史論──Simon Stevin 簿記論研究』同文館出版，2008 年。

Henry Rand Hatfield, *Modern Accounting: Its Principles and Some of Its Problems*, D. Appleton & Co., 1909.

東奭五郎『商業会計』大倉書店，1908 年。

東奭五郎『商業会計　第二輯』大倉書店，1914 年。

久野秀男『わが国財務諸表制度生成史の研究』学習院大学，1987 年。

石井寛治「歴史における連続と断絶──近世日本と近代日本」『郵政博物館研究紀要』第 7 号，2016 年。

岩辺晃三『天海・光秀の謎──会計と文化』税務経理協会，1993 年。

岩辺晃三『複式簿記の黙示録──秘数 13 とダビデ紋が明かす逆襲の日本史』徳間書店，1994 年。

Kozo Iwanabe, 'Japan,' in Michael Chatfield and Richard Vangermeersch (eds.), *The History of Accounting: An International Encyclopedia*, Garland Publishing, 1996.

岩辺晃三「緒論」岩辺晃三（編著）『基本会計（改訂版）』税務経理協会，1999 年。

岩田巖『会計士監査』森山書店，1954 年。

亀井孝文『明治国づくりのなかの公会計』白桃書房，2006 年。

文献リスト　*211*

片野一郎『日本・銀行簿記精説』中央経済社，1956 年。

片野一郎『日本財務諸表制度の展開』同文舘出版，1968 年。

加藤和男『近代職業会計人史』全日本計理士会職業会計人史編纂委員会，
　　　1973 年。

河原一夫『江戸時代の帳合法』ぎょうせい，1977 年。

河原一夫「簿記史（日本）」神戸大学会計学研究室（編）『会計学辞典（第 6
　　　版）』同文舘出版，2007 年。

川北博「企業会計原則は誰のために存在するか——原則形成に対する日本公
　　　認会計士協会の役割」『企業会計』第 36 巻第 1 号，1984 年。

川北博「企業会計原則の見直しについて」『企業会計』第 39 巻第 9 号，1987
　　　年。

慶應義塾（編纂）『福澤諭吉全集　第 7 巻』岩波書店，1959 年。

慶應義塾（編纂）『福澤諭吉全集　第 17 巻』岩波書店，1961 年。

木村禎橘「計理検査士制度の提唱」『會計』第 52 巻第 1 号，1943 年。

北野弘久『税理士制度の研究（増補版）』税務経理協会，1997 年。

兒林百合松「会計学に学者なし（重ねて岡田氏に答ふ）」『會計』第 10 巻第
　　　3 号，1921 年。

神戸大学会計学研究室（編）『会計学辞典（第 6 版）』同文舘出版，2007 年。

Eiichiro Kudo, 'The Diffusion of Western-style Accounting as Social Knowledge
　　　in 19th Century Japan,' *Studies in Foreign Affairs*, Vol. 40, No. 1, 2012.

Eiichiro Kudo, 'Why did the 19th Century Japanese Government Adopt the
　　　Double-entry in the Accounting System?' *Studies in Foreign Affairs*, Vol.
　　　40, No. 2, 2013.

Eiichiro Kudo, 'Accounting Knowledge and Merchant Education in Japan: An
　　　Historical and Comparative Study,' *The Commercial Review of Seinan
　　　Gakuin University*, Vol. 62, No. 2, 2015.

工藤栄一郎「日本の近代化と西洋簿記の社会化」『企業会計』第 68 巻第 3 号，
　　　2016 年。

黒澤清「企業会計原則の部分修正並に企業会計原則注解について」『企業会
　　　計』第 6 巻第 8 号，1954 年。

黒澤清『近代会計学（新版）』春秋社，1960 年。

黒澤清「近代簿記会計の誕生——銀行簿記精法，帳合之法と制度会計の史的

源泉」青木茂男（編）『日本会計発達史――わが国会計学の生成と展望』同友館, 1976 年。

黒澤清「企業会計の発展と日本会計研究学会の役割」『會計』第 110 巻第 2 号, 1976 年。

黒澤清「企業会計制度の発展と企業会計原則の役割」『企業会計』第 30 巻第 12 号, 1978 年。

黒澤清「史料・日本の会計制度＜ 1 ＞～＜ 16 ＞」『企業会計』第 31 巻第 1 号～第 32 巻第 4 号, 1979～1980 年。

黒澤清『日本会計学発展史序説』雄松堂書店, 1982 年。

黒澤清『財務諸表制度発展史序説』黒澤清（編著）『わが国財務諸表制度の歩み――戦前編』雄松堂出版, 1987 年。

黒澤清『日本会計制度発展史』財経詳報社, 1990 年。

桑原正行「会計理論の生成と展開――世紀転換期から 1920 年代のアメリカにおける学説史的展開」中野常男, 清水泰洋（編著）『近代会計史入門』同文舘出版, 2014 年。

万代勝信「ドイツ会計思考の導入」小林健吾（編著）『日本会計制度成立史』東京経済情報出版, 1994 年。

松本正信「山下勝治博士の会計理論について」山下勝治先生追悼記念事業会（編）『追憶――山下勝治先生を偲ぶ』山下勝治先生追悼記念事業会, 1971 年。

三木良賛「囚はれたる簿記会計学」『會計』第 10 巻第 6 号, 1922 年。

三島為嗣／西川孝治郎（編集解説）『造幣簿記之法』雄松堂書店, 1981 年。

森田熊太郎『商工実践会計法』前川書店, 1909 年。

茂木虎雄「友岡賛著『歴史にふれる会計学』（書評）」『書斎の窓』第 464 号, 1997 年。

中島省吾「会計基準設定の理念と手続」『會計』第 115 巻第 2 号, 1979 年。

中野常男, 高須教夫, 山地秀俊『アメリカ現代会計成立史論』神戸大学経済経営研究所, 1993 年。

中瀬勝太郎『会計監査要論 乾』巌松堂書店, 1924 年。

日本会計学会（編）『東奭五郎先生, 下野直太郎先生古稀記念論文集［第 1 巻］ 会計理論』大東書館, 1935 年。

日本会計学会（編輯）『吉田良三先生, 原口亮平先生還暦祝賀論文集［第 1

巻］　原価及原価計算』大東書館，1940 年。

日本会計学会（編）『上野道輔先生，太田哲三先生還暦記念論文集［第 1 巻］財務諸表論』森山書店，1950 年。

日本会計学会（編）『黒澤清先生還暦記念論文集　近代会計学の展開』森山書店，1963 年。

日本会計研究学会 50 年史編集委員会（編）『日本会計研究学会 50 年史』日本会計研究学会，1987 年。

日本会計研究学会特別委員会「企業会計原則と商法計算規定」新井清光（編著）『企業会計原則の形成と展開』中央経済社，1989 年。

日本公認会計士協会年史編さん委員会（編）『公認会計士制度 35 年史──最近の 10 年』日本公認会計士協会，1988 年。

日本公認会計士協会年史編纂特別委員会（編）『50 年のあゆみ』日本公認会計士協会，2000 年。

日本公認会計士協会 25 年史編さん委員会（編）『公認会計士制度 25 年史』日本公認会計士協会，1975 年。

日本公認会計士協会 25 年史編さん委員会（編）『公認会計士制度 25 年史別巻』日本公認会計士協会，1975 年。

日本税理士会連合会税理士制度沿革史編さん委員会（編）『税理士制度沿革史』日本税理士会連合会，1969 年。

西川孝治郎「大坪文次郎のこと──福澤先生序「簿記活法」の著者」『三田評論』第 664 号，1967 年。

西川孝治郎「造幣寮簿記の研究」『會計』第 93 巻第 3 号，1968 年。

西川孝治郎「日本固有帳合法の特徴について」『商学集志』第 38 巻第 2・3・4 号，1969 年。

西川孝治郎『日本簿記史談』同文舘出版，1971 年。

西川孝治郎「わが国会計史研究について──和式帳合の二重構造」『會計』第 100 巻第 7 号，1971 年。

西川孝治郎「我国における簿記史研究」関西学院大学会計学研究室（編）『現代会計の史的研究』森山書店，1973 年。

西川孝治郎「シャンド式簿記の起源論争」『商学集志』第 44 巻第 2・3・4 号，1974 年。

西川孝治郎「日本会計史〔2〕　洋式簿記のわが国への導入」小島男佐夫

（責任編集）『体系近代会計学［第 6 巻］　会計史および会計学史』中央経済社，1979 年。

西川孝治郎『文献解題　日本簿記学生成史』雄松堂書店，1982 年。

西川孝治郎「岡田誠一」黒澤清（編集代表）『会計学辞典』東洋経済新報社，1982 年。

西川登『三井家勘定管見』白桃書房，1993 年。

西野嘉一郎『現代会計監査制度発展史──日本公認会計士制度のあゆみ』第一法規出版，1985 年。

小倉榮一郎『江州中井家帖合の法』ミネルヴァ書房，1962 年。

小倉榮一郎「日本会計史〔1〕　わが国固有の簿記会計法」小島男佐夫（責任編集）『体系近代会計学［第 6 巻］　会計史および会計学史』中央経済社，1979 年。

岡田誠一「明治簿記学史断片」日本会計学会（編）『東奭五郎先生，下野直太郎先生古稀記念論文集［第 1 巻］　会計理論』大東書館，1935 年。

岡野敬次郎「株式会社ノ監査制度ニ就テ」『法学協会雑誌』第 28 巻第 1 号，1910 年。

岡下敏「わが国への簿記の導入とその定着」小林健吾（編著）『日本会計制度成立史』東京経済情報出版，1994 年。

興津裕康「静的貸借対照表論の論理」北村敬子，新田忠誓，柴健次（責任編集）『体系現代会計学［第 2 巻］　企業会計の計算構造』中央経済社，2012 年。

大森徹「明治初期の財政構造改革・累積債務処理とその影響」『金融研究』第 20 巻第 3 号，2001 年。

太田哲三『会計学の 40 年』中央経済社，1956 年。

太田哲三『近代会計側面誌──会計学の 60 年』中央経済社，1968 年。

大坪文次郎『実地適用簿記活法』大坪文次郎，1887 年。

R. H. パーカー（R. H. Parker）／友岡賛，小林麻衣子（訳）『会計士の歴史』慶應義塾大学出版会，2006 年。

Thomas Henry Sanders, Henry Rand Hatfield, and Underhill Moore, *A Statement of Accounting Principles*, American Institute of Accountants, 1938.

佐藤孝一「企業会計原則の役割とその理論的構造」黒澤清（主編）『体系近

代会計学［第 1 巻］　会計学の基礎概念』中央経済社，1959 年。

ヨハン・フリードリッヒ・シェヤー（Johann Friedrich Schär）／林良吉（訳）
　　『会計及び貸借対照表』同文館，1925 年。

啊爾嗹暹暹度（Allan Shand）／海老原済，梅浦精一（訳）／芳川顕正（督纂）
　　『銀行簿記精法』大蔵省，1873 年。

下野直太郎『簿記精理　第一編』八尾新助，1895 年。

下野直太郎『大日本実業学会講義録　簿記　完』大日本実業学会，1895～
　　1896 年。

末木孝典「福澤諭吉をめぐる人々　その 9　中村道太」『三田評論』第 1207
　　号，2017 年。

高木泰典『日本動態論形成史』税務経理協会，2000 年。

高寺貞男『明治減価償却史の研究』未來社，1974 年。

田中弘『イギリスの会計基準──形成と課題』中央経済社，1991 年。

田中孝治「日本の伝統簿記と洋式簿記の導入──日本簿記史」平林喜博（編
　　著）『近代会計成立史』同文舘出版，2005 年。

田中孝治『江戸時代帳合法成立史の研究──和式会計のルーツを探求する』
　　森山書店，2014 年。

友岡賛『近代会計制度の成立』有斐閣，1995 年。

友岡賛『歴史にふれる会計学』有斐閣，1996 年。

友岡賛『会計プロフェッションの発展』有斐閣，2005 年。

友岡賛『会計の時代だ──会計と会計史との歴史』ちくま新書，2006 年。

友岡賛『会計士の誕生──プロフェッションとは何か』税務経理協会，2010
　　年。

友岡賛（監修）『ルカ・パチョーリの『スムマ』から福澤へ──複式簿記の
　　伝播と会計の進化』慶應義塾図書館，2012 年。

友岡賛『会計学原理』税務経理協会，2012 年。

友岡賛『会計学の基本問題』慶應義塾大学出版会，2016 年。

友岡賛『会計と会計学のレーゾン・デートル』慶應義塾大学出版会，2018
　　年。

友岡賛『会計の歴史（改訂版）』税務経理協会，2018 年。

津村怜花「明治初期の簿記書研究──『帳合之法』の果たした役割」『會計』
　　第 172 巻第 6 号，2007 年。

津村怜花「『銀行簿記精法』（1873）に関する一考察」『六甲台論集──経営学編』第 56 巻第 1 号，2009 年。

津村怜花「和式帳合と複式簿記の輸入──江戸時代から明治時代にかけて」中野常男，清水泰洋（編著）『近代会計史入門』同文舘出版，2014 年。

津村怜花「福沢による西洋簿記現地化の試み」『企業会計』第 68 巻第 3 号，2016 年。

植野郁太「S. H. M. 会計原則との出合い」山本繁，勝山進，小関勇（訳）『SHM 会計原則』同文舘出版，1979 年。

上野道輔『簿記原理──会計学第 1 部』有斐閣書房，1922 年。

上野道輔『簿記理論の研究』有斐閣，1928 年。

渡邉泉「会計の生成史を論ずるに先立って」『會計』第 191 巻第 6 号，2017 年。

渡辺和夫「戦前の会計監査」『商学討究』第 56 巻第 1 号，2005 年。

山田有人「友岡賛著『会計士の誕生──プロフェッションとは何か』」『産業経理』第 70 巻第 2 号，2010 年。

山田有人「したたかで，ひたむきな会計士の歴史を学ぼう」『税経セミナー』第 58 巻第 4 号，2013 年。

山地秀俊「Hatfield 会計学の現代性──クリーン・サープラス問題をめぐって」土方久（編著）『近代会計と複式簿記』税務経理協会，2003 年。

山本繁『会計原則発達史』森山書店，1990 年。

山本繁，勝山進，小関勇（訳）『SHM 会計原則』同文舘出版，1979 年。

山下勝治『企業会計原則の理論』森山書店，1956 年。

山内慶太「福沢諭吉門下生による会計教育の全国展開」『企業会計』第 68 巻第 3 号，2016 年。

山浦久司『英国株式会社会計制度論』白桃書房，1993 年。

安平昭二『簿記理論研究序説──スイス系学説を中心として』千倉書房，1979 年。

安平昭二『簿記・会計学の基礎──シェアーの簿記・会計学を尋ねて』同文舘出版，1986 年。

財務会計基準機構 ASBJ/FASF10 年史編集委員会『ASBJ/FASF10 年史』財務会計基準機構，2012 年。

人名索引

Almeida, Luís de（アルメイダ）　19

Beach, E. H.　125

Boissonade de Fontarabie, Gustave Émile（ボアソナード）　103

Braga, Vicente E.（ブラガ）　42-45, 50, 60, 71

Broaker, F.　125

Brown, R.　125

Bryant, H. B.（ブライヤント）　47

Caron, François（カロン）　21, 31-33

Chatfield, Michael（チャットフィールド）　10

Cocks, Richard（コックス）　20

Dicksee, Lawrence R.（ディクシー）　86, 125, 138, 139

Eddis, W. C.　125

Fells, J. M.　125

Folsom, E. G.（フォルサム）　75, 77

Garcke, E.　125

Hall, H. L. C.　125

Gilbart, James William（ギルバート）　54

Hatfield, Henry Rand（ハットフィールド）　40, 77, 86, 88-90, 95, 99, 186

Hügli, F.（ヒューグリ）　88, 99

Iwanabe, Kozo → 岩辺晃三

Johns, Thomas（ジョーンズ）　88

Lisle, G.　125

Moore, Underhill（ムーア）　186

Pacioli, Luca（パチョーリ）　18, 19

Pixley, Francis W.（ピクスリー）　86, 130, 139

Roesler, Karl Friedrich Hermann（ロエスラー）　103, 104, 109

Sanders, Thomas Henry（サンダース）　186

Schär, Johann Friedrich（シェアー）　40, 88, 89, 95-99

Schmalenbach, Eugen（シュマーレンバッハ）　78, 100, 101

Shand, Alexander Allan（シャンド）　39, 42, 54-56, 67, 68, 71, 79, 95

Sprague, Charles E.（スプレイグ）　88

Stratton, H. D.（スタラットン）　47

Thorne, W. W.　125

Tindall, W. B.　125

Xavier, Francisco de（ザビエル）　18

新井益太郎　188

石田仁太郎　132

井上馨　74

岩崎彌太郎　74

岩田巖　149, 188, 199

岩辺晃三　16-18, 33, 42

上野道輔　40, 91, 95-98, 145, 149, 162, 184

宇佐川秀次郎　50

海老原竹之助　86

太田哲三　52, 87, 91, 93-95, 100, 101, 109, 117, 118, 124, 152, 153, 160-162,

164, 173

大坪文次郎　119, 120

岡田誠一　86, 118

岡野敬次郎　128, 131

小倉榮一郎　15, 16, 20, 21, 28, 30, 31, 35

織田信長　17

各務鎌吉　116

片野一郎　106, 110, 111

加藤彰廉　134

加藤斌　59

鹿野清次郎　86-88

亀井孝文　60, 62

川北博　205, 206

河原一夫　14, 30, 31

木村禎橘　152, 157-162

工藤栄一郎　43, 59, 62

黒澤清　54, 65-67, 90, 94, 95, 102, 105, 111, 112, 115, 118, 138, 149, 161, 181, 184, 187, 188, 190, 191, 195

小林丑三郎　134

小林雄七郎　50

兒林百合松　136, 137

小林儀秀　50, 59

佐藤孝一　190

三邊金蔵　118

渋澤栄一　58

下野直太郎　40, 52, 53, 65, 66, 74-79, 86, 90, 91, 93, 95, 101, 102, 115, 121

高木益太郎　132

高橋是清　139

田中孝治　15-17, 30, 36

千葉準一　106, 108, 109, 113, 167, 175, 177, 178, 181, 185

津村怜花　32

友岡賛　193

中井光武　26

中島省吾　196, 204, 205

中瀨勝太郎　142, 145

中西寅雄　94, 150, 161, 162

中村茂男　116

中村道太　51, 73

西川孝治郎　16, 21, 29, 30, 33, 35, 43, 71

長谷川安兵衛　118

早矢仕有的　51

林良吉　98

東奭五郎　40, 87, 91, 109, 116, 117, 119, 122-124, 136, 145

平井泰太郎　162

福澤諭吉　39, 42, 46-53, 59, 67, 70, 73, 74, 95, 116, 119, 120

松田道之　50

三島為嗣　44, 45

水島銕也　116, 121

村瀬玄　118

森有礼　73

森下岩楠　50

森島修太郎　50, 75

森田熊太郎　87, 119, 121-123

安平昭二　99

山下勝治　191, 192

芳川顕正　55

吉田良三　40, 78, 86-88, 90, 91, 93-96, 103, 109, 116-118, 123, 124, 137

渡邉泉　12, 13, 15, 34

渡部義雄　118

事項索引

Alphabet

AAA → アメリカ会計学会

AIA → アメリカ会計士協会

AICPA → アメリカ公認会計士協会

ASC（会計基準委員会，イギリス）　177

C. A. → 国王特許会計士

CCAB（会計士団体合同諮問委員会，イギリス）　177

C. P. A. → 州法免許会計士

GHQ（連合国軍最高司令官総司令部）　162, 164

I. A. A. → 商務院認可会計士

ICAEW → イングランド＆ウェールズ勅許会計士協会

JICPA → 日本公認会計士協会

S. H. M. 会計原則　186, 187

あ行

アメリカ会計学会（AAA）　176

アメリカ会計士協会（AIA）　176, 186, 200

アメリカ公認会計士協会（AICPA）　176

イエズス会　18, 19

イギリス東インド会社　20

イタリア式簿記　12, 17, 19, 32, 33, 47

一般に公正妥当と認められた基準　178, 189, 198

イングランド＆ウェールズ勅許会計士協会（ICAEW）　176

受渡説　75-77

大阪計理士会　151

大阪高等商業学校　121, 122

太田哲三事務所　203 → 人名索引もみよ

オートノミーの欠如　177, 178

大元方勘定目録　24, 26

オランダ東インド会社　20, 63

か行

買置品元帳　25

会計　12, 14, 59, 63, 66, 98, 102, 122, 128, 144, 149, 192, 193

『會計』　136

『会計及び貸借対照表』　98, 100

――監督官　194

――教育　65, 144, 149

――原則勧告書　176

『会計思想史』　10

――帳簿　11, 12, 23, 24, 76, 142

――人　87, 126, 136, 145

――の基本等式　89

――の検査　120, 142

――プロフェッション　91, 116, 119, 127, 132, 147, 149, 150, 153, 175, 177, 178, 193, 194

――法　61

――より重きはなし　55, 67

会計学　65, 67, 80, 89-91, 93, 95, 96,
　　108, 115-117, 122, 124, 126, 136-138,
　　140, 144, 146, 193
　　『会計学』　40, 85-87, 124
　　——時代　88, 96
会計監査　142, 143, 196
　　——士　127, 133, 134, 144
　　——士試験　133
　　——士名簿　134
会計基準　177, 179, 195, 196, 204
　　——委員会　182, 184, 185,
　　——の設定主体　179, 203-206
　　——法　184, 185
会計士　40, 121, 122, 124, 127, 128,
　　130-132, 134-136, 138, 141-145, 149,
　　152, 165
　　——監査　129, 130, 184, 193, 194
　　——管理委員会　168, 169, 173
　　——懇話会　123
　　——試験　135, 143-145
　　——詮索委員会　135
　　——名簿　135
会計史　9, 10, 39, 181
　　『会計史国際事典』　10, 11, 17
会計制度　15, 67, 105, 108, 109, 114,
　　150
　　——監査　201
会社法　115, 128-131
『学問のすゝめ』　46, 49
株式会社会計制度　110
株主　128-132
　　——監査人　129-131
監査　121, 129, 135, 141, 142, 147, 152,
　　154, 157, 161, 164-167, 178, 183, 193,
　　195, 197, 198, 200-202 →「会計監査」
　　「会計士監査」「会計制度監査」「公

認会計士監査」「財務諸表監査」「法
定監査」もみよ
　　——基準　150, 184, 188, 195-200
　　——士　164, 165
　　——制度　128-131, 143, 144
　　——手続委員会　200
　　——人　129-131, 143, 177, 193-195,
　　197-200
　　——報告書　177
　　——法人　202, 203
　　——役　128, 129, 131, 132, 143, 144,
　　147, 148, 177
企業会計　43, 107, 113, 114, 116, 182,
　　183, 189, 191, 192
　　——基準　149
　　——基準委員会　182, 183, 150, 184,
　　185, 197, 203,
　　——基準法　182
　　——基準法・会計基準委員会構想
　　181, 184
　　——基準法要綱　183
　　——原則　95, 105-108, 118, 150,
　　172, 181, 184-193, 195-197, 203, 205
　　——審議会　91, 150, 179, 188, 203,
　　206
　　——制度　42, 106-108, 192
　　——制度対策調査会　91, 149, 150,
　　172, 181, 182, 184, 185, 190, 192, 197,
　　203
記簿の科　73
業務独占規定　146
銀行　43, 50, 54-58, 68, 69, 112, 120
　　——会計　55, 72, 110
　　——学局　68, 70
　　——学伝習所　68, 70
　　——事務講習所　68

索　引　*221*

──簿記　68, 69

『銀行簿記精法』　39, 50, 54-58, 67-70

金庫規則　63

近代会計制度　42, 109, 113, 181, 193, 194, 203,

近代立法運動　66, 103

蔵屋敷普請代　83

慶應義塾　46, 50, 73, 75, 119

経済安定本部　91, 182, 184, 192

計算簿記条例　60-62

計算要素説　76-78

『計理学提要』　87

計理検査士　159, 160

　　──試験委員会　160

　　──制度　158, 159

計理士　139-141, 144-146, 151-158, 161, 163-167, 169

　　──会計学　138

　　──試験　140, 141, 145, 155

　　──制度　147, 148, 151, 158-160, 162

　　──制度調査委員会　162

　　──登録　140, 145-147

　　──法　119, 123, 124, 139, 144-147, 149, 151, 155, 158, 169, 170

決算　29, 56, 120

　　──書　30

　　──簿　24, 25

　　──報告書　11, 16, 17, 24, 25, 27, 56, 84, 142

原価計算　94, 103

　　──基準　150

　　──規則　94, 160

　　──準則　105, 108

減価償却　56, 79, 80, 82-84, 93, 102,

103

原価配分の原則　93 →「費用の期間配分」もみよ

現金　63

　　──有高帳　26

　　──結末表説　101

　　──式総合仕訳帳　54, 69

現物管理　80

公会計　60-62

高等商業学校　73-75, 88, 121, 123

　　──附属主計専修科　69

公認会計士　149, 163-169, 171, 189, 190, 197, 202, 205, 206

　　──監査　172, 191, 195, 196

　　──管理委員会　174, 175

　　──試験　168, 169, 172

　　──審査会　173-175, 202

　　──制度　160, 175, 176, 184, 190, 195

『公認会計士制度25年史』　164

　　──法　149, 161, 166, 172-174, 189, 195, 196, 202

鴻池家　16, 24-26

神戸経済大学　162

神戸高等商業学校　91, 121-123

神戸商業講習所　119

神戸大学　191

国王特許会計士（C. A.）　122

国立銀行条例　54, 56, 68, 110

国立銀行定期報告差出方規則　56, 57

沽券　82

国庫金　62, 63

　　──出納所　63

固定資産　65, 80, 82-84, 93

　　──維持修繕費　83

　　──会計　65, 79

——賃借料　83

小払帳　26

コモン・ロー　184

さ行

債権　81, 105

——の備忘記録　35, 36, 80, 81

財産　13, 23, 77, 84, 85, 102, 142

——管理　15, 34, 79, 80, 193

——計算　25, 26, 30, 35

——法　27

——目録　104, 105, 109, 133, 190

『最新会計学』　86

財務管理委員会　109, 117

財務諸表　56, 104, 106, 110, 112, 115, 161, 182, 191, 192, 195, 197, 198

——監査　189, 190, 201, 202

——準則　93-95, 105, 107-111, 113, 116-118, 184, 190-192

——の標準化　113

——付属明細表　190

差引帳　25

算用帳　16, 24, 25, 80, 82

山陽特殊製鋼事件　177, 202

時価評価　104, 109

資金会計　103

自検機能　34, 43, 55

資産　78-80, 83, 89, 99, 103, 126 →「固定資産」「純資産」「棚卸資産」「簿外資産」「流動資産」もみよ

試算表　25

『実践銀行論』　54

『実地適用簿記活法』　120

紙幣寮　50, 54, 68, 71

資本　15, 78, 84, 89, 99, 102, 103

——計算的成果計算　84, 85

——等式　89, 98, 99

——と経営の分離　36, 193

シャウプ勧告　170, 174

社会的な定着性　193, 194

借用銭録帳　15

シャンド・システム（シャンド式簿記）　56-70, 72 → 人名索引もみよ

州法免許会計士（C. P. A.）　123

純財産学説　99, 100

純資産　24

純損益　26

——処分計算　111

『商業会計』　87, 124, 125

商業教育　65

商業帳簿　14, 15, 104, 110, 125, 126

証券取引委員会　166, 174, 175, 184, 185, 197, 200

証券取引所　196, 201

証券取引法　149, 161, 166, 175, 189, 196, 201

証券民主化　161, 189

『商工実践会会計法』　121

商工省準則　106, 113-115, 182

正税帳　11, 12, 14-17

商法　66, 103, 104, 107, 109, 114, 116, 128, 131, 132, 149, 189, 190, 194

——会計　113

——計算規定　109

——講習所　73-75

商務院認可会計士（I. A. A.）　122

剰余金計算書　190

自律性　177, 178

仕訳帳　47, 55

仕分け帳付け　12

新日本有限責任監査法人　203

人名勘定　81

索　引　*223*

出挙帳　16, 17
『スンマ』　18, 19
製造原価計算準則　94, 105
静態論　77, 78, 89, 93, 96, 102, 103, 108
静的貸借対照表論　77, 96
税務　151-153, 155
　——代弁者　155
　——代弁者取締規則　154
　——代理業　151, 154, 157, 158
　——代理士　155, 156, 159, 170
　——代理士法　154, 155, 157, 170
西洋式簿記 → 洋式簿記
　——の翻訳時代　65, 66, 74
西洋帳合稽古　51
税理士　154, 170, 171
　——試験　171
　——法　150, 170
総勘定元帳　28, 30, 36, 54, 69
『造幣簿記之法』　44, 45
造幣寮　43-46, 50, 59, 60, 71
算盤　30-33
損益　44, 77, 126, 142 →「純損益」も
　みよ
損益計算　13, 15, 25, 26, 30, 35
　——書　28, 110, 111, 133, 143, 166,
　190, 197
　——的成果計算　85
　期間——　25, 111
　口別——　25
損失　24, 107

た行

第一国立銀行　56-58, 69, 79, 107
貸借対照表　28, 78, 89, 98, 104, 110,
　133, 143, 166, 190, 197
　『貸借対照表論』　96, 97

貸借複記　28, 29
貸借平均（平衡・均衡）の原理　25,
　31, 34, 35, 43
『大日本実業学会講義録　簿記』　77
大日本精糖　127
大福帳　24, 25, 27, 35, 36, 71
　——式簿記　27-29
代理記帳　152, 154
足利帳　23, 24
多帳簿制　32
　——複式決算簿記　26, 28, 36
店卸記　24, 27, 127
店卸下書　29
棚卸資産　102
店卸目録　27, 84
他人資本　85, 127
単式簿記　25, 29, 34, 45, 46, 55
チャータード・アカウンタント協会
　162
中央大学　88, 188
帳合　35, 47, 48, 50 →「和式帳合」も
　みよ
　——稽古所　52, 73
　『帳合之法』　39, 46, 47, 49-53, 55,
　59, 67, 70, 73, 74
　——法　24-27, 30, 31, 35, 37, 50, 51,
　72, 80 →「日本固有の帳合法」もみ
　よ
　——も学問なり　49, 67
帳簿　12, 15, 17, 23, 24, 29-32, 34, 36,
　44, 48, 49, 51, 52, 57, 72, 80, 85, 105,
　120, 122, 125, 126
　——システム　47, 54, 69
勅許会計士　130
伝票　54, 69, 72
東京計算局　119, 120

224

東京高等商業学校　52, 73-75, 88, 91, 100, 122, 152

東京商科大学　52, 73, 75, 88, 100, 162, 199

東京商業学校　73, 123

　　──附属銀行専修科　68

東京（帝国）大学　91, 97, 162, 188

道具帳面　26

動態論　78, 85, 93, 96, 100-103, 108

動的会計思考　95, 102

動的貸借対照表論　78

冨山家　35, 82, 23, 24

留帳　26

取引　76, 77, 126

　　──要素説　77, 78

問屋仕限帳　28

な行

中井家　24, 26-28, 30, 37, 83, 84

西日本計理士会　151, 152

日記帳　47, 69, 72

日糖事件　127, 132

日本会計学会　40, 91, 115-117, 123, 136

日本会計研究学会　94, 117, 118, 188, 195

日本会計士会　124, 136

日本銀行　58, 62, 63

日本計理士会　124, 162

日本原価計算研究学会　188

日本検査計理士会　157

日本検査計理士協会　162, 178

日本公認会計士協会（JICPA）　150, 164, 172, 175, 178, 204-206

日本固有の簿記・帳合法　18, 21-24, 26, 27, 29-32, 40, 53

日本税務代理士会連合会　162

日本税理士連合会　150

は行

発生主義会計　56, 79

東奭五郎会計人事務所　122 → 人名索引もみよ

引当金　111, 112

一橋大学　73, 199

費用　103

　　──動態論　101 →「動態論」もみよ

　　──の期間配分　79, 84, 102, 103

『福翁自伝』　49

複記帳簿ノ法　60

『福澤全集緒言』　47, 53

複式決算　25-27, 30, 32-34, 85

複式簿記　12, 13, 17, 20-24, 28, 29, 33-36, 41-46, 54, 55, 57, 59-61, 63, 67, 76, 97, 99, 100, 104, 137

　　──の時代　62

負債　78, 89, 99, 103, 126

物財勘定　81

物財管理　15, 85

物的二勘定系統説　89, 97-99

物品会計　43, 44

不動産　82, 83, 105

　　──賃借料　83

不平等条約　109

粉飾決算　127, 202

別帳　26

法定監査　196, 200-202

簿外資産　83, 84,

簿外処理　80

簿記　12-15, 17, 22, 23, 27, 34, 41, 44, 45, 47-50, 53, 55, 58, 59, 66, 71, 73,

索　引　*225*

76, 77, 89, 91, 98, 120, 125, 126 →「イ
　タリア式簿記」「銀行簿記」「シャン
　ド式簿記」「大福帳式簿記」「多帳簿
　制複式決算簿記」「単式簿記」「日本
　固有の簿記」「複式簿記」「洋式簿
　記」「和式簿記」もみよ
──学　137, 138, 144
──学校　70, 98, 122
──教育　70, 120
──原理　75, 89
『簿記原理』　96-98
──講習所　73
『簿記精理』　40, 66, 74-77, 85
──ブーム　70, 71
本家店卸計算　84
本支店会計　83
本支店合併決算　28
本間家　24

ま行

『馬耳蘇氏記簿法』　50
丸屋商社　51, 52, 73
三井家　24, 26
三菱商業学校　74, 75
　『三菱商業学校簿記学階梯』　50
　『三菱商業学校簿記学例題』　75
明治大学　142

明治簿記史時代　65, 95
名目勘定　81
元帳　47
森田会計調査所　121, 122 → 人名索引
　もみよ

や行

有価証券報告書　161
誘導法　104
洋式簿記　20, 22, 23, 28, 31, 36, 39-42,
　46, 50, 51, 53, 59, 60, 65, 67, 71
横浜高等商業学校　188
横浜国立大学　188
横浜正金銀行　119

ら行

利益　24, 76, 77
　──計算　15, 26, 27, 79
流動資産　80, 84
臨時産業合理局　109, 191, 192
『歴史にふれる会計学』　10, 18

わ行

和式帳合　23, 34, 39, 41, 65, 80, 85
　──の二重構造　16, 35
和式簿記　16, 17, 29, 33, 39
早稲田大学　87, 88, 190

著者紹介

友岡 賛（ともおか　すすむ）

慶應義塾大学卒業。
慶應義塾大学助手等を経て慶應義塾大学教授。
博士（慶應義塾大学）。

著書等（分担執筆書の類いは除く。）
『近代会計制度の成立』有斐閣，1995 年
『アカウンティング・エッセンシャルズ』（共著）有斐閣，1996 年
『歴史にふれる会計学』有斐閣，1996 年
『株式会社とは何か』講談社現代新書，1998 年
『会計学の基礎』（編）有斐閣，1998 年
『会計破綻』（監訳）税務経理協会，2004 年
『会計プロフェッションの発展』有斐閣，2005 年
『会計士の歴史』（共訳）慶應義塾大学出版会，2006 年
『会計の時代だ』ちくま新書，2006 年
『「会計」ってなに？』税務経理協会，2007 年
『なぜ「会計」本が売れているのか？』税務経理協会，2007 年
『会計学』（編）慶應義塾大学出版会，2007 年
『六本木ママの経済学』中経の文庫，2008 年
『会計学はこう考える』ちくま新書，2009 年
『会計士の誕生』税務経理協会，2010 年
『就活生のための企業分析』（編）八千代出版，2012 年

『ルカ・パチョーリの『スムマ』から福澤へ』（監修）慶應義塾図書館，2012 年

『会計学原理』税務経理協会，2012 年

『歴史に学ぶ会計の「なぜ？」』（訳）税務経理協会，2015 年

『会計学の基本問題』慶應義塾大学出版会，2016 年

『会計の歴史』税務経理協会，2016 年（改訂版，2018 年）

『会計と会計学のレーゾン・デートル』慶應義塾大学出版会，2018 年

日本会計史

2018年9月28日　初版第1刷発行

著　者―――――友岡賛
発行者―――――古屋正博
発行所―――――慶應義塾大学出版会株式会社
　　　　　　　〒108-8346　東京都港区三田2-19-30
　　　　　　　TEL〔編集部〕03-3451-0931
　　　　　　　　　〔営業部〕03-3451-3584〈ご注文〉
　　　　　　　　　〔　〃　〕03-3451-6926
　　　　　　　FAX〔営業部〕03-3451-3122
　　　　　　　振替　00190-8-155497
　　　　　　　http://www.keio-up.co.jp/
装　丁―――――後藤トシノブ
印刷・製本――株式会社加藤文明社
カバー印刷――株式会社太平印刷社

©2018 Susumu Tomooka
Printed in Japan　ISBN 978-4-7664-2546-8

慶應義塾大学出版会

慶應義塾大学商学会　商学研究叢書22
会計と会計学のレーゾン・デートル

友岡賛著　会計が守るべき構造とは何か？　果たすべき機能とは何か？　時価評価の導入をはじめ今日まで続く会計制度改革の流れを鳥瞰し、その意味と意義、今後の行方を著者独自の歴史的・理論的視点から論じる。　◎3,000円

会計学の基本問題

友岡賛著　会計とは何か？　利益の意義や簿記と会計の関係を問い直し、会計および会計学の歴史過程を辿りながら、これからの会計研究の在り方を示唆する。会計本質論のエッセンスが凝縮された論攷集。　◎4,300円

表示価格は刊行時の本体価格（税別）です。

慶應義塾大学出版会

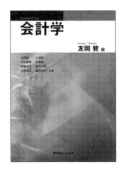

会計学

友岡賛編　会計は誰のためのものか？　何のためにあるのか？　会計をめぐる本質的な問いに始まり、会計の諸原則、財務諸表の基本的な仕組み、財務諸表の分析方法、会計制度などを簡潔かつ明瞭に解説した新スタンダード・テキスト。
本文2色刷。　　　　　　　　　　　◎2,500円

会計士の歴史

R. H. パーカー著／友岡賛・小林麻衣子訳　会計士はどこからきたのか？　なぜ生まれたのか？
19世紀から20世紀初頭のイギリス・北米を舞台に、近代会計士の起源と発展の過程を明らかにし、その本質を問いかける。平易簡潔ながら、世界の研究者に影響を与えた名著。会計士を目指す方々にお勧めの一冊。　　　　　　　　◎1,500円

表示価格は刊行時の本体価格(税別)です。